1

PSYCHOLOGIE NOIRE ET MANIPULATION MENTALE

5 livres en 1 | Les techniques cachées de la psychologie noire| Manipulation mentale | Pnl et Persuasion | Thérapie cognitivo-comportementale (TCC) | Intelligence émotionnelle

SAMUEL GOLEMAN

Avis de non-responsabilité

Veuillez noter que les informations contenues dans ce livre sont uniquement destinées à des fins éducatives et de divertissement. Tous les efforts ont été faits pour présenter des informations précises, actuelles, fiables et complètes. Aucune garantie de quelque nature que ce soit n'est donnée ou impliquée. Les lecteurs reconnaissent que l'auteur n'a pas pour mission de fournir des conseils.

SOMMAIRE

INTRODUCTION

Le psychisme humain est fascinant. Il nous permet de prendre conscience de nous-mêmes et des autres. Cependant, il n'a pas que des côtés positifs. C'est précisément ce qui nous intéresse dans ce livre : le côté obscur de la psychologie humaine. L'évolution rationnelle a fait de notre cerveau un outil qui peut être utilisé aussi bien dans un but altruiste que dans un but pervers, voire extrêmement pervers.

Contrairement aux autres espèces du règne animal, l'homo sapiens a pour arme principale son intelligence. Pour une meute de lions dans la steppe africaine, la chasse est une simple question de survie, qui permet à leur espèce de se maintenir au sommet de la pyramide alimentaire.

Dans le cas de l'homme, la composante morale et éthique fait que cet acte a des conséquences inimaginables, tant sur le plan religieux que social. Une grande partie de la législation et les principales normes sociales dont nous disposons à l'heure actuelle proviennent de la partie la plus évoluée du cortex cérébral. La strate inférieure du cortex, plus basique, est celle du reptile, qui ne voit en l'autre qu'une proie pour satisfaire ses besoins.

Ce livre analyse en détail les processus psychologiques d'une infime partie des membres de notre espèce qui présentent un détail troublant : ils ont peu d'empathie pour les autres. Ces dernières années, la psychologie a fait de grands progrès dans l'étude des mécanismes de l'esprit des êtres humains qui ont une composante de perversion supérieure aux autres.

La psychologie de la fameuse triade noire analyse l'esprit des personnes qui se servent de leur intelligence comme d'un outil de pouvoir afin de manipuler, abuser, utiliser et humilier leurs semblables. Dans le monde qui nous entoure, il existe de nombreux manipulateurs, narcissiques, menteurs, machiavéliques et psychopathes.

Tout au long de ce livre, vous apprendrez à identifier leurs principaux traits de caractère ainsi que leurs stratégies de manipulation verbales, mais aussi comportementales. Cela vous permettra d'utiliser les outils mentaux de la personnalité manipulatrice à votre avantage, comme méthode de défense.

Il va de soi que ce livre ne remplace pas les connaissances d'un professionnel de la psychologie ou de la psychiatrie. Au fil des chapitres, vous apprendrez comment et de quelle manière vous êtes manipulé par les personnalités de la triade noire, les narcissiques, les machiavéliques et les psychopathes. Vous serez également en mesure de comprendre le comportement de certains personnages historiques tels que des politiciens et des tueurs en série, qui ont utilisé leur intelligence perverse pour parvenir à leurs fins, poussés par leur nature prédatrice.

Nous vous remercions de la confiance que vous nous avez témoignée en acquérant *Psychologie noire et manipulation mentale*. Nous espérons qu'il deviendra un support pour vous guider et vous aider à surmonter le traumatisme causé par une relation avec l'une de ces personnalités perverses et obscures.

CHAPITRE 1 : PSYCHOLOGIE NOIRE ET MANIPULATION MENTALE

1.1 Qu'est-ce que la manipulation mentale et comment la détecter ?

Un des moyens utilisés par les personnalités de la triade noire pour obtenir ce qu'elles veulent d'autrui est de recourir à diverses techniques de manipulation mentale. Mais pourquoi de nombreuses personnes intelligentes tombent-elles dans les pièges tendus par ce type de personnalités ? Cela tient à trois types d'émotions fondamentales, qui affaiblissent ceux qui les éprouvent : la peur, la culpabilité et la compassion.

Elle se fait principalement par le biais du langage verbal - bien qu'en de nombreuses occasions elle soit également non verbale -, amenant la victime à exposer ses sentiments les plus nobles afin de l'attaquer, comme le fait un prédateur avec sa proie, qu'il traque pendant longtemps jusqu'à ce qu'il la connaisse parfaitement. De nombreux gestes et attitudes de la victime ont été étudiés en détail par le manipulateur, au moyen de questions et d'indices qui lui permettent de connaître les points faibles de cette personnalité par rapport aux autres. Malheureusement pour le manipulateur, toutes les proies ne sont pas faciles ; parfois, sa tentative de manipuler et d'obtenir ce qu'il veut ne fonctionne pas comme il le souhaiterait.

Parfois, l'agresseur se montre sympathique et gentil avec sa victime, à tel point que celle-ci ne se rend compte que trop tard qu'elle a mordu à l'hameçon. La nature offre d'innombrables exemples de cette technique : les grands prédateurs traquent généralement leur proie en pleine obscurité ou au moment où elle est la plus vulnérable. Lorsqu'ils s'élancent sur leur proie pour la saisir à la gorge, il est déjà trop tard et il n'y a plus grand-chose à faire.

D'où l'intérêt de ce livre : connaitre les mécanismes de manipulation préférés de l'agresseur vous permettra d'éviter de tomber dans le piège. Grâce aux éléments que vous apprendrez dans ce livre, vous saurez comment agir pour éviter d'être victime de ces prédateurs psychologiques et émotionnels.

Nous allons analyser en détail chaque technique de manipulation et voir quels sont les mécanismes qui se mettent en place dans l'esprit de la victime et du manipulateur. Grâce à ces mécanismes, l'esprit de la victime se pliera plus facilement aux caprices du manipulateur ; plus la victime est vulnérable, plus l'auteur aura de pouvoir.

La peur

En tant que principal mécanisme de préservation de l'espèce, la peur nous rend particulièrement vulnérables. Il existe différentes sortes de peurs ; toutes sont l'expression de la partie la moins rationnelle de notre cerveau, des couches qui conservent encore une partie de l'héritage reptilien dans notre corps de mammifère.

La peur la plus élémentaire est celle de la disparition physique ou de la mort. Face à cette peur, la victime peut être très vulnérable. La manipulation peut se faire de plusieurs manières, par exemple, en faisant croire à la victime que son intégrité physique ou celle de ses proches est menacée. Il est également possible que les menaces ne soient pas du tout physiques et qu'elles concernent la réputation ou l'image publique d'une personne. Ceci est de plus en plus courant de nos jours à cause de la puissance des nombreux réseaux sociaux.

Il y a aussi la peur de perdre un emploi, une relation amoureuse, une amitié ou tout autre facteur qui conduit à baisser la garde face à ces personnalités sombres et manipulatrices. Au sein de nombreuses organisations religieuses ou pseudo-spirituelles, de tels comportements sont courants. Face aux conséquences si elle refuse de faire ce que dit le leader, la victime ne peut pas faire grand-chose et finit par céder aux demandes du manipulateur. Il peut s'agir d'extorsion, d'abus sexuels, de tortures psychologiques, de menaces, de séquestrations, etc.

Souvent, la peur d'une conséquence abstraite et non concrète, telle qu'une punition divine ou une malédiction, pousse les gens à commettre des actes qu'ils ne feraient pas autrement. Identifier le type de peur et la raison qui pousse la victime à céder à la volonté du manipulateur est un facteur clé pour commencer à prendre le contrôle de ces types de personnalités sombres.

La culpabilité

Un autre facteur tout aussi important pour devenir victime de manipulation est la culpabilité. Le sentiment d'être obligé de satisfaire les autres pour se sentir bien dans sa peau est une chose que les manipulateurs et les personnalités de la triade noire exploitent très bien. Certaines personnes, parce qu'elles se considèrent comme étant de bonnes personnes, se sentent obligées de faire des choses pour les autres. L'altruisme, la philanthropie et la compassion face aux besoins des autres font partie des valeurs morales de nombreuses religions et doctrines spirituelles.

Aider les autres de manière désintéressée est le résultat de l'empathie et de la compassion humaines et c'est ce qui rend possible la construction d'une société. Cependant, aux yeux d'un manipulateur, il s'agit surtout d'un outil parfait pour contrôler l'esprit et la volonté de ses victimes.

Conseiller aux autres de s'améliorer ou de faire quelque chose dans leur propre intérêt est une démarche tout à fait respectable par laquelle de nombreux professionnels tels que les médecins, les psychologues, les conseillers et les thérapeutes parviennent à apporter un réel soutien à ceux qui en ont besoin. Mais dans l'esprit des manipulateurs, ce côté empathique devient quelque chose d'exploitable, leur permettant d'analyser les faiblesses de leurs victimes potentielles. Ecraser les autres, sans la moindre compassion ou considération, afin de satisfaire ses désirs, fait partie de la mentalité utilisée par les personnalités de la triade noire.

- Bien sûr, je comprends, je me mets à votre place.

- Je sais ce que vous ressentez en ce moment.

- J'ai également vécu ce que vous vivez.

- Je sais ce que vous ressentez, c'est pourquoi je veux vous aider.

Ce sont là quelques-unes des phrases utilisées par le manipulateur pour tenter de pénétrer dans l'esprit de sa victime afin de simuler de l'empathie pour elle et de gagner sa confiance.

Le masque porté par la personnalité manipulatrice reflète l'empathie, bien qu'en réalité tout soit faux : il ne s'intéresse pas du tout aux problèmes ou aux besoins de sa victime potentielle ; il fait seulement semblant, comme un serpent venimeux peut faire semblant d'être mort pour infliger la morsure fatale à sa proie, qui s'approche pour le renifler et confirmer qu'il ne bouge plus. Il est fréquent que les victimes décrivent leurs psychopathes narcissiques et manipulateurs comme des personnes sans étincelle dans les yeux, ou ayant un "regard de serpent" et un visage inexpressif.

Les personnalités empathiques et culpabilisées ne peuvent pas comprendre que quelqu'un soit incapable de se mettre à leur place et de ressentir la moindre compassion envers les autres. C'est quelque chose qu'elles ne peuvent pas assimiler et qui les hante pendant longtemps. Ce type de traumatisme suite à une relation avec l'une de ces personnalités est similaire à celui vécu par de nombreux vétérans de guerre. Le stress post-traumatique empêche les victimes de retrouver une vie normale et de tourner la page. Cela les empêche de croire aux bonnes intentions ou aux expressions verbales de compassion des nouvelles personnes qu'elles rencontrent dans leur vie.

1.2 Comment identifier les personnalités manipulatrices ?

Tous les types de personnalité manipulatrice ne parviennent pas à atteindre leurs objectifs. Si un manipulateur ne présente pas l'un des traits caractéristiques de la personnalité manipulatrice typique, il a peu de chances d'obtenir ce qu'il veut de sa proie. Les trois principaux traits qui caractérisent le type de personnalité manipulatrice typique sont les suivants :

- Déguiser ou masquer les intentions réelles d'agression envers les autres.

- Connaître les faiblesses de sa victime potentielle en étudiant chacun de ses principaux facteurs de vulnérabilité.

- Être enclin à la cruauté envers ses victimes ; n'avoir aucune forme de compassion envers ses victimes en ce qui concerne la violence psychologique, physique ou verbale.

Une personnalité manipulatrice a un plan spécifique pour chacune de ses proies, en fonction de ce qu'elle attend de celles-ci. Lorsqu'elle a atteint son objectif, elle se débarrasse de cette personne comme on se débarrasse d'un mouchoir en papier usagé. Un manipulateur qui réussit n'a pas de scrupules. Il classe ses victimes en différentes catégories. Il doit gagner la confiance totale et absolue de sa proie ; pour cela, il sera prêt à la soutenir, à l'écouter, à lui accorder toute son attention pour qu'elle se sente à l'aise et en confiance.

L'un des principaux investissements que le prédateur doit être prêt à faire concerne le temps qu'il lui faudra consacrer à la connaissance de chacune des faiblesses de sa victime. Chaque fois qu'il parlera avec elle, le manipulateur prendra des notes mentalement : qu'est-ce qu'elle aime faire ? Quels sont les sentiments qui la submergent et la rendent plus vulnérable ? Quel est son degré d'empathie ? Est-elle assez perspicace pour remarquer qu'elle est manipulée ? A-t-elle une nature altruiste ? Se soucie-t-elle de causes nobles telles que la protection des animaux, de l'environnement ou la lutte contre les égalités sociales ?

On pourrait comparer le comportement du manipulateur à celui d'une plante carnivore avec sa proie : celle-ci l'attire grâce à ses couleurs vives et aux odeurs qu'elle dégage. L'insecte a alors l'impression de se trouver dans un endroit confortable, tout comme nous pourrions nous sentir à l'aise dans un beau restaurant luxueux, par exemple. Une fois la proie posée sur la plante, il est déjà trop tard car elle est prise dans ses mâchoires. C'est ce que fait une personnalité manipulatrice lorsque sa victime est tombée sous son emprise : elle l'attrape par le cou et celle-ci ne peut plus s'échapper. Il sera trop tard pour la proie, même si ses amis et confidents l'ont mille fois mis en garde contre la personnalité inquiétante de cet être si charmant et dont elle parlait tant, ne voyant en lui que des aspects positifs.

Si vous gardez à l'esprit ces trois traits principaux des personnalités manipulatrices, vous pourrez commencer à comprendre les mécanismes qu'elles utilisent pour gagner la confiance de leurs victimes et éviter de tomber dans leurs pièges psychologiques.

2 - LES FONDEMENTS DE LA TROMPERIE : COMMENT NOUS SOMMES TROMPÉS

Bien que la manipulation soit semblable à la tromperie, il existe des différences radicales entre les deux. La manipulation est généralement beaucoup plus subtile que la tromperie. La personne manipulée a rarement l'impression d'être victime d'un manipulateur ; la tromperie, quant à elle, est généralement plus rude et plus flagrante. Toutefois, lorsque l'auteur a une personnalité triadique, il est très probable que la victime ne soit pas consciente des mécanismes imperceptibles mis en place pour parvenir à ses fins (c'est pourquoi le machiavélisme fait partie de la triade noire).

Pour comprendre la différence, nous prendrons l'exemple d'une campagne de marketing. Nous savons bien qu'il est courant, dans les stratégies de marketing, de recourir à la manipulation pour atteindre un objectif précis. Le succès d'une bonne campagne repose sur le fait d'amener le consommateur à acheter le produit annoncé. Tout d'abord, l'attention de l'acheteur doit être attirée sur le produit.

La première étape de cette persuasion est liée à l'utilisation du langage verbal. L'annonceur fait ainsi sa première incursion dans le cerveau de l'acheteur potentiel. Pour parvenir à le faire acheter, la publicité utilise des phrases semblables à celles-ci :

- Ce produit va changer votre vie.

- Lorsque je l'ai essayé, je n'imaginais pas que je ne voudrais plus jamais changer de marque.

- Au début, j'étais sceptique. Je me disais : « Pourquoi dépenser mon argent dans un autre produit alors que j'en ai déjà un que j'utilise depuis toujours ? » jusqu'à ce que je l'essaie…c'était incroyable !

La psychologie du marketing affirme que si le langage persuasif est bien utilisé, la manipulation est beaucoup plus efficace que si l'on utilise un langage direct et agressif. Les campagnes politiques ont également souvent recours à la manipulation par le biais du langage verbal :

- Nous changerons le destin du pays.

- Rejoignez-nous pour qu'ensemble, nous rendions possible l'impossible.

- C'est en équipe que nous entrerons dans l'histoire.

En utilisant le pluriel, le destinataire du message se sent inclus dans le message, il a l'impression de faire partie de quelque chose, ou que le leader politique le prend en compte et s'adresse directement à lui. Ce sont là deux exemples de manipulation par le langage que les responsables marketing utilisent (ils appellent généralement cette stratégie la persuasion, ce qui la rend beaucoup moins politiquement incorrecte).

Les manipulateurs sont souvent particulièrement habiles lorsqu'il s'agit d'utiliser le langage pour parvenir à leurs fins. Ces personnalités manipulatrices de la triade noire : machiavéliques, narcissiques, sociopathes et extrêmement égoïstes, acquièrent souvent rapidement des compétences psychologiques grâce à une verbalisation sophistiquée, qui met leurs victimes en confiance.

L'utilisation du pluriel comme « nous », « ensemble », « nous allons », « viens avec moi », « toi et moi », « tu es très spéciale pour moi », « je t'aime beaucoup », « tu es la personne la plus importante dans ma vie », etc. sont souvent des phrases d'accroche efficaces qu'ils utilisent pour obtenir ce qu'ils veulent.

Les mots eux-mêmes n'ont pas assez de poids pour réussir une stratégie de manipulation, c'est leur contexte émotionnel qui pousse les victimes potentielles à se plier à la volonté du manipulateur.

Bien que le thème de la psychologie noire et des techniques de manipulation mentale soit de plus en plus populaire, la psychologie l'étudie depuis les années 1970. Richard E. Petty[1] est l'un des chercheurs qui ont étudié l'influence des stratégies du manipulateur sur ses victimes. À la fin des années 1970, il a analysé comment les victimes qui avaient été préalablement averties des biais cognitifs du manipulateur étaient beaucoup moins vulnérables que celles qui avaient minimisé le processus de manipulation du manipulateur à cause de ses paroles et ses actions.

Un autre biais de manipulation courant est ce que l'on appelle en psychologie la règle de réciprocité, qui consiste à se sentir moralement obligé de rendre une bonne action que l'on a reçue de quelqu'un d'autre. En d'autres termes, il s'agit de se sentir redevable envers quelqu'un qui nous a fait une faveur.

Cette règle de réciprocité est très répandue dans le marketing et, bien entendu, est utilisée par les manipulateurs et les adeptes de la psychologie noire pour obtenir des résultats avec une grande efficacité.

Il est fréquent que l'auteur propose une aide désintéressée afin d'obtenir ce qu'il attend de sa victime. Le fait d'être serviable, obséquieux et démesurément gentil avec une autre personne est un trait typique du manipulateur pour atteindre son but ultime. Cela explique pourquoi il se donne tant de mal pour faire plaisir à sa

1 Richard E. Petty, John T. Cacioppo. LE MODÈLE DE PROBABILITÉ D'ÉLABORATION DE LA PERSUASION. Copyright 0 1986 par Academic Press. Inc. p. 181. https://richardepetty.com/wp-content/uploads/2019/01/1986-advances-pettycacioppo.pdf

potentielle victime. Ceci, bien sûr, au début, car ce masque tombera tôt ou tard.

Cette stratégie de manipulation a été employée tout au long de l'histoire, dans différents contextes. Au cours des guerres et des conflits internationaux, les espions qui ont soutiré des informations précieuses de leurs adversaires ont utilisé la stratégie de la règle de la réciprocité. D'ailleurs, « Si je te donne, tu me donnes » pourrait être la devise de ce type d'outil psychologique. Le manipulateur dira des demi-vérités ou utilisera les mots qu'il faut pour tenter de faire céder la victime petit à petit, par la flatterie, les compliments et la politesse, jusqu'à ce qu'il parvienne à vaincre sa résistance psychologique.

Il existe de nombreux moyens de manipuler une personne par le discours verbal en utilisant des détours, ou encore des changements de sujet et de centre d'intérêt. Lors d'une première rencontre informelle autour d'un café, par exemple, le manipulateur peut également montrer une profonde vulnérabilité en racontant des anecdotes intimes ou en jouant un petit rôle dramatique avec de faux pleurs et sanglots pour émouvoir sa proie. Ce comportement est souvent couronné de succès en fonction du niveau d'empathie de la personne qui est manipulée.

Témoignage réel de manipulation

Je m'appelle Janet. J'habite à New York et j'ai trente ans. Je travaille comme commissionnaire depuis environ huit ans. Dans le cadre de mon travail, je rencontre beaucoup de gens. J'ai développé des compétences sociales qui me permettent de mieux comprendre les personnes sans scrupules ou toxiques, telles que les personnalités à la psychologie noire, les narcissiques ou les manipulateurs. Il y a quelques années, il m'est arrivé quelque chose avec une personne de ce genre, que j'appellerai John.

Je l'ai rencontré lors d'une soirée organisée par Cris, un de mes amis.

« Janet, dit-il avec enthousiasme, tu dois absolument venir à la fête : je veux te présenter un type fantastique. Il est venu tout seul à New York et en moins d'un an, il a ouvert sa propre entreprise ; il gagne près d'un demi-million par an ! »

Un demi-million ? Je pensais que Cris exagérait, car pour réussir à m'installer en ville, j'avais dû enchainer les travaux pénibles pendant près de trois ans. Cet « exploit » a donc éveillé mon intérêt pour John.

Lorsque je l'ai rencontré ce soir-là, je dois dire que j'ai été impressionnée. Il portait un costume sombre impeccable, avec des boutons de manchette et une cravate très élégante. Ses chaussures étaient italiennes et sa barbe était taillée avec sobriété et beaucoup de style. Il dégageait une aura de sensualité et de sophistication. Lorsque j'ai commencé à parler à John, j'ai été surprise de constater qu'il dominait de nombreux sujets et qu'il parlait plusieurs langues.

Lorsque j'ai interrogé John sur son entreprise, il m'a dit qu'il s'agissait d'un projet d'ingénierie sociale visant à analyser les tendances statistiques. C'était un sujet qui me passionnait, alors chaque fois qu'il m'en parlait, je buvais ses paroles. Maintenant que j'y pense, je me rends compte qu'il m'analysait ; j'étais une sorte d'insecte qu'il regardait au microscope avec un sourire. J'ai sous-estimé son acuité mentale.

C'est ainsi qu'a débuté ma relation avec John. Je dois dire que je ne l'aimais pas du tout, mais ce qui me fascinait, c'était son intelligence et sa capacité à développer des projets. Lorsque nous avons commencé à nous faire de plus en plus confiance, il m'a fait une révélation.

« Janet, dit-il au cours d'un dîner dans un restaurant de luxe, je veux que tu t'impliques dans le projet. Maintenant que les élections approchent, je veux que tu fasses partie de l'entreprise. »

J'étais enthousiaste, car John avait une grande capacité psychologique à lire entre les lignes du comportement et de l'expression non verbale. Je lui ai dit que j'aimerais faire partie de sa vie et de ses projets. C'est ainsi que j'ai accepté de me lancer dans les affaires.

« Mais il faut que je te dise quelque chose » John fit une grimace, faisant un de ses gestes typiques lorsqu'il ment pour me manipuler. « Si tu veux bien, j'aurais besoin que tu m'accordes un prêt de 250 000 pour que je puisse me concentrer sur le projet. Je dois verser de l'argent aux concepteurs de logiciels... Mais je te paierai le double dans moins de deux mois. »

Chaque fois que John parlait, j'étais comme envoûtée, sous hypnose, je croyais tout ce qu'il disait, même s'il prétendait pouvoir marcher sur l'eau.

Quelques jours après le dîner, j'ai déposé la somme demandée sur son compte. John était très reconnaissant. Il m'a invitée à le rejoindre pour fêter ça, mais j'avais beaucoup de travail. Comme nous ne pouvions pas nous voir, il m'a dit qu'il partait pour

Vancouver ce soir-là, mais qu'il espérait me revoir dans moins de deux semaines.

« Tu es très spéciale pour moi, je t'aime », m'a-t-il envoyé depuis l'aéroport, lors de cette nuit enneigée que je n'oublierai jamais.

Qu'est-il arrivé à John ? Eh bien, après cela, je ne l'ai plus jamais revu. Il m'a bloquée sur tous ses réseaux sociaux et a changé de numéro de téléphone. Lorsque j'ai revu Cris, il était vraiment désolé pour moi, à tel point qu'il s'est pratiquement enfoui la tête dans le sol comme une autruche. Il m'a avoué qu'un de ses amis à Vancouver lui avait dit qu'il avait entendu dire que John avait escroqué au moins une demi-douzaine de femmes riches. On ne l'a plus jamais revu en ville.

John était l'exemple même de l'homme beau, narcissique, manipulateur et mégalomane.

3 - FONDEMENTS PSYCHOLOGIQUES DE LA MANIPULATION ET DE LA TRIADE NOIRE

Pour mieux comprendre comment les mécanismes psychologiques de manipulation fonctionnent chez les personnalités de la triade noire, il est nécessaire de se pencher sur les bases de ces mécanismes. Comme nous l'avons vu, il existe des éléments, des actions et des schémas qui indiquent que nous sommes victime d'une personnalité de la triade noire qui essaie de nous manipuler, ou qui était déjà en train de le faire, jusqu'au moment où nous nous en sommes rendu compte.

3.1 Qu'est-ce que le machiavélisme ?

L'expression « machiavélisme » vient de Niccolò Machiavelli (1469-1527), un écrivain et diplomate italien, devenu célèbre grâce à un traité intitulé Le Prince, dans lequel il explique en détail les principaux facteurs qui conduisent à s'emparer du pouvoir par des moyens peu orthodoxes.

Le machiavélisme peut être considéré comme une série de stratégies visant à atteindre le but recherché par le biais de stratégies de manipulation, de tromperie et de persuasion psychologique. Mais contrairement à la manipulation (abordée dans le chapitre précédent), le machiavélisme ne se concentre pas tant sur le contrôle et la tromperie par le biais des émotions, mais plutôt sur une analyse cognitive et intellectuelle. Cela signifie que la personnalité machiavélique analyse toujours froidement la meilleure façon de tirer profit de sa victime.

C'est pour cette raison que les grands dirigeants politiques de l'histoire ont dû recourir à un comportement machiavélique pour parvenir à leurs fins. La politique est reconnue comme étant l'art de la tromperie, mais c'est aussi l'un des principaux domaines de travail et d'analyse de ce type de personnalité, car les politiciens professionnels font généralement preuve d'un grand contrôle de leurs émotions par le biais du langage verbal et non verbal, afin d'obtenir un maximum de réussite en tant que dirigeant.

La personnalité machiavélique est dépourvue de morale. Dans Le Prince, l'une des maximes les plus célèbres de l'ouvrage de l'auteur florentin est : « la fin justifie les moyens », ce qui résume parfaitement l'esprit de l'œuvre. Un véritable dirigeant ne prête pas attention aux détails moraux, il prend simplement ce qui lui revient. Blesser les sentiments et détruire les illusions des autres n'est qu'une simple conséquence, tout comme l'omelette est la conséquence de casser des œufs.

Blesser ou écraser les autres sont des pratiques courantes chez les personnalités machiavéliques. C'est l'une des principales raisons pour lesquelles les personnes très empathiques ne comprennent pas comment le manipulateur a pu avoir si peu d'égard pour telle ou telle personne dans le but de parvenir à ses fins : elles ne comprennent pas cette « atrophie » du système émotionnel.

Le machiavélique connaît généralement bien les traits de personnalité et le comportement des êtres humains. C'est précisément la raison pour laquelle il ne peut éprouver aucune compassion au moment de tromper, mentir et persuader les autres de faire exactement ce qu'il veut qu'ils fassent. La victime d'une personnalité machiavélique, pour le dire élégamment, doit coopérer passivement afin de devenir un objet, un instrument ou encore un chemin que l'individu à la personnalité machiavélique utilisera pour atteindre son but final.

De nombreux dirigeants politiques et sociaux ont montré des traits machiavéliques. En voici quelques exemples :

- Catherine de Médicis, qui a appliqué les doctrines florentines pour éliminer les protestants en France pendant la nuit de la Saint-Barthélemy.

- Le cardinal de Richelieu, qui a placé entre les mains des protestants les coffres de la France sur un plateau d'argent afin de provoquer la défaite de l'Espagne.

- John Locke et Adam Smith, qui ont établi les bases de l'économie libérale à partir de la stabilité du régime qui prônait, entre autres, la voracité de la concurrence du libre marché entre les commerçants.

- Antonio Gramsci, dirigeant communiste italien qui, appelant à une révolution passive, visait le soulèvement populaire par le biais de la soumission du peuple.

- Ferdinand VII d'Espagne, qui, pour maintenir son statu quo pendant les conflits européens, s'est rapproché de Napoléon au détriment de sa propre lignée royale, ce qui constituait une trahison de sa propre patrie.

- Le général Francisco Franco, qui a fait preuve de machiavélisme en prenant ses distances avec les puissances de l'Axe, l'Allemagne et l'Italie, après leur défaite lors de la Seconde Guerre mondiale, en se rapprochant du gouvernement américain pour signer un pacte.

3.2 L'égoïsme et ses mécanismes narcissiques

Les sociétés modernes nous ont habitués à être égoïstes, au nom d'une soi-disant réussite individuelle. Le culte de l'ego, la compétitivité et le manque d'empathie pour les autres font que les comportements narcissiques sont de plus en plus fréquents. La personnalité narcissique, dans ses caractéristiques, a une forte teneur en égoïsme. Il est courant de voir des photos sur les réseaux sociaux, où les gens ont tendance à se vanter ou à montrer leur style de vie, leurs vêtements, leurs voitures, leurs voyages, voire les membres de leur famille, comme s'ils n'étaient que de simples accessoires et qu'ils n'étaient là que pour poser pour la photo parfaite qu'ils ont créée dans leur esprit.

Bien que le narcissisme ait un côté positif car il permet d'augmenter l'estime de soi et d'avoir du succès malgré les critiques qui peuvent surgir autour de nous, lorsque le comportement narcissique devient une tendance, il peut se révéler toxique. Les exigences constantes du narcissique, sa personnalité mégalomaniaque, son estime de soi excessive, conduisent à un trouble de la personnalité et ce, dès l'enfance.

Même si chacun d'entre nous possède des traits de personnalité égoïstes, chez le narcissique, ceux-ci sont clairement visibles et prennent le dessus sur tous les autres. L'origine et le développement du trouble de la personnalité narcissique se situent en grande partie dans l'enfance. Dans certains cas, les enfants de parents narcissiques présentent souvent ce type de trouble, bien que la science n'ait pas d'avis tranché à ce sujet.

Dans l'esprit du narcissique, c'est toujours lui qui passe en premier ; le reste de l'humanité n'a pas d'importance. Les autres ne sont là que pour reconnaître sa grandeur, son excellence, sa beauté, sa perfection, son intelligence et son élégance. Le narcissique est une sorte d'étoile autour de laquelle tourne le reste du système planétaire. Ce dernier est pour lui insignifiant et ne pourrait pas exister si sa personnalité lumineuse et chaleureuse ne l'éclairait pas et ne le nourrissait pas de sa présence constante.

Le narcissique sera toujours là pour corriger les comportements, enseigner, éduquer, guider, sauver, diriger, conseiller, instruire, etc. Il verra toujours des défauts chez les autres, mais seulement des qualités chez lui. C'est un être conçu pour être infaillible, beau, adroit et incapable de faire la moindre erreur. Son esprit est imperméable aux critiques. Il ne les écoute pas car elles viennent de personnes inférieures, c'est ainsi qu'il les voit et pas autrement. Jamais une personne empathique ne pourra être à la hauteur de la personnalité d'un narcissique.

Il existe deux types de personnalités narcissiques : les narcissiques grandioses et les narcissiques cachés, ou vulnérables.

Le narcissique grandiose :

Ce type de personnalité narcissique considère que son existence est unique et que personne ne peut se comparer à elle. La seule façon de traiter ce type de personnalité est la soumission : si elle n'est pas adorée, comme si elle était une star ou une divinité, elle dévalorisera ceux qu'elle avait l'habitude d'estimer. Ceux qui n'admirent pas le narcissique grandiose n'existeront pas à ses yeux.

La personnalité narcissique grandiose est généralement chargée d'une énergie positive éphémère. Elle est rapidement épuisée par les efforts qu'elle fournit pour attirer l'attention de ceux qui l'entourent. Elle a tendance à afficher un certain charme, qui s'estompe dès qu'elle reçoit une critique, même constructive. Son manque d'introspection psychologique est évident et elle est donc souvent insensible à l'observation ou à la critique, comme nous l'avons vu plus haut. La jalousie est fréquente dans ses relations, qu'elles soient professionnelles, amoureuses ou commerciales. Son manque d'auto-évaluation la rend faible car elle n'a pas de véritable estime d'elle-même.

Le narcissique caché :

Ce type de personnalité narcissique se cache derrière un masque de timidité ou de vulnérabilité. Bien que l'on puisse considérer qu'il ne s'agit pas d'une personnalité dominante ou dominatrice, le narcissique caché a une personnalité moins forte que le narcissique grandiose, qu'il cache sous un voile de modestie. Il sait très bien ce qu'il fait et c'est pourquoi il alterne continuellement supériorité et modestie.

Dans le cadre de leur mécanisme de fonctionnement, les personnalités narcissiques cachées sont vulnérables, se plaignent et prétendent souffrir beaucoup, se victimisant constamment. Elles ont tendance à avoir un statut social modeste, passant inaperçues dans les structures hiérarchiques, essentiellement parce qu'elles ne tolèrent pas très bien les critiques qui peuvent surgir autour d'elles. Elles ont tendance à se sentir minimisées lorsque quelqu'un dans leur entourage proche a plus de pouvoir, de charisme ou une personnalité plus forte que la leur.

C'est pourquoi elles ont tendance à utiliser la pitié et la compassion comme mécanismes de contrôle. Elles sont conscientes qu'il existe des normes sociales légales et, par conséquent, en public, elles essaient de limiter leurs attaques, mais en privé, elles seront beaucoup plus agressives. Elles ont tendance à être méprisantes, irrévérencieuses et irrespectueuses des hiérarchies sociales. Elles connaissent leur place dans la pyramide sociale ; c'est la raison pour laquelle elles se sentent très à l'aise dans un poste de cadre moyen, où elles peuvent abuser de leurs subordonnés comme bon leur semble. La névrose est l'un de leurs traits caractéristiques. Elles n'ont pas une « grande gueule » et ont tendance à être plutôt complaisantes et prétentieuses.

3.3 Techniques de manipulation et de contrôle de l'esprit

Un aspect intéressant de la psychologie noire a trait aux techniques de contrôle et de manipulation de l'esprit. Tout au long de l'histoire, mais surtout au XXe siècle, lorsque les écoles de psychologie ont commencé à apprendre comment ces stratégies de manipulation étaient appliquées, les principales agences de sécurité et de renseignement du monde ont fait de même pour résoudre des crimes et analyser des cas de crimes en série.

Les manipulateurs sont très habiles pour entrer dans l'esprit de leurs victimes et modifier leur système de croyances afin de les convaincre de faire le contraire de ce qu'elles pensent, à la fois d'elles-mêmes et du monde qui les entoure. Bien que l'idée de manipulation puisse sembler négative, il faut reconnaitre que de nos jours, pratiquement tous les êtres humains sont manipulés par le biais de la culture, de l'éducation et du comportement en société, et ce, dès leur plus jeune âge.

Les enseignants, les membres de la famille, les amis, les collègues de travail ou camarades de classe, les voisins, les partenaires, etc. influencent d'une manière ou d'une autre notre vision des choses. Il suffit de voir comme nous pouvons changer d'avis après avoir pris connaissance de leurs opinions. Ces opinions déterminent nos actions qui, à leur tour, affectent notre avenir à tous les niveaux : économique, psychologique, professionnel, académique, émotionnel, social, etc.

Les mécanismes de la persuasion et de la manipulation peuvent être observés dans tous les domaines de la vie. Par exemple, un homme politique manipule ses électeurs potentiels pour qu'ils votent pour lui, en essayant de changer leur façon de penser grâce à ses idées et ses propositions. Les chefs spirituels font de même avec leurs disciples, en utilisant des ressources rhétoriques pour les émouvoir, les effrayer ou les enthousiasmer afin qu'ils suivent les enseignements et les préceptes qu'ils promeuvent. Les grands hommes d'affaires et les PDG d'entreprises mondiales utilisent des arguments de persuasion et de manipulation pour convaincre les consommateurs qu'ils devraient acheter leur produit plutôt que celui de leurs concurrents.

L'esprit humain dispose d'un mécanisme qui lui permet de détecter lorsque quelque chose va à l'encontre de ses concepts moraux ou éthiques. Ainsi, lorsque quelqu'un fait face à un argument qui s'oppose à ses croyances ou aux idées dont son esprit a été nourri depuis l'enfance, il y a un choc. C'est ce qu'on appelle en psychologie la dissonance cognitive. Cela signifie que le cerveau est incapable de comprendre ou de traiter une idée contraire à celle qui a été prédéfinie.

Les manipulateurs sont très habiles pour modifier les concepts afin de les adapter aux croyances et aux idées de chaque personne lorsqu'ils essaient de convaincre leurs victimes de faire ce qu'ils veulent.

Une grande partie des choix ou des achats compulsifs, par exemple, est due à la manipulation de notre cerveau par des techniques de marketing. Acheter des produits dont nous n'avons pas besoin ou donner de l'argent ou de l'attention à quelque chose qui ne nous intéresse pas, mais que nous sommes inconsciemment obligés de faire, est souvent le résultat d'une manipulation.

Certaines formes courantes de manipulation se présentent souvent sous l'apparence de bonnes intentions.

Les publicités qui nous émeuvent s'accompagnent souvent d'une musique mélancolique, d'images d'impuissance et de tristesse, et d'un message final du genre : « Collaborez à cette cause pour que les enfants de X pays du Tiers-Monde ne souffrent pas. Faites un don, même minime, à ce compte ou à ce site web et vous aiderez à sauver une vie ». Ce genre de publicité est une forme peu subtile de manipulation psychologique.

Le témoignage d'une femme qui travaillait dans un cabinet d'avocats dans une grande ville européenne peut montrer à quel point nous pouvons tous être manipulés :

« Je préfèrerais garder l'anonymat, alors disons que je m'appelle Marie. Je travaillais dans un cabinet d'avocats dans une capitale européenne. Mon travail consistait essentiellement à classer des documents, à gérer le personnel et à effectuer d'autres tâches administratives. Je travaillais six heures par jour, du lundi au vendredi, mais au bout de six mois environ, mon patron a commencé à me demander de rester quelques heures de plus.

Ayant deux enfants et personne pour s'en occuper, je lui ai donc dit que je ne pouvais pas, mais il a continué à insister. Il m'a même promis qu'il me paierait davantage et qu'il me donnerait la priorité pour me reposer un jour par semaine si je le souhaitais. Il utilisait toujours des arguments tels que : « Tu sais que l'entreprise ne va pas très bien ; nous avons besoin de sacrifices collectifs », pour donner l'impression qu'il avait besoin d'aide et que moi aussi, bien sûr, j'avais besoin de travailler.

Je suis restée deux heures de plus le premier mois où il me l'a demandé. Ensuite, le nombre d'heures où il m'a demandé de rester après le travail a augmenté. « Marie, m'a dit mon patron, vous allez devoir apporter du travail à la maison, car la fille qui était votre assistante a décidé de démissionner. Cela m'a mise dans une situation inconfortable. Je l'ai supporté pendant encore deux mois, jusqu'au jour où il m'a demandé de travailler à la maison pendant tout un week-end...

J'ai fini par lui dire de me payer ou sinon j'allais le poursuivre pour harcèlement au travail. Mon patron a essayé de me manipuler de bien des manières, mais j'ai fini par obtenir une indemnisation. Justice a été rendue, mais imaginez le nombre de cas qui ne sont pas portés à la connaissance du public parce que les gens sont plus faibles ou intimidés par le pouvoir de leur patron. »

Souvent, les techniques de manipulation sont subtiles et il est nécessaire de reconnaitre certains gestes ou actions pour savoir que nous sommes victimes de personnalités sombres. La plupart des cerveaux sont empathiques. C'est-à-dire qu'ils sont réceptifs aux émotions positives telles que la gentillesse, la joie, la solidarité, la fraternité, etc. Les cerveaux des personnes qui ont des traits de manipulation, de narcissisme ou de machiavélisme sont imperméables à l'empathie, ils utilisent donc des techniques de base pour manipuler les cerveaux de leurs proies potentielles.

Nous examinerons ci-dessous quelques-unes de ces techniques de manipulation de base qui sont très efficaces pour permettre aux personnalités sombres d'atteindre leurs objectifs :

Sourire

Le sourire est un moyen très efficace de faire preuve d'empathie. Le cerveau l'interprète comme un geste aimable et empathique qui garantit le rapprochement et la confiance. Lorsque nous rencontrons un inconnu, l'un des gestes empathiques est de sourire. Bien qu'il puisse s'agir d'un signe de politesse, les manipulateurs, les narcissiques et les personnalités machiavéliques utilisent le sourire comme un joker qui leur permet d'accéder plus facilement à la bienveillance d'une proie potentielle.

Être persuasif et amical

Pour gagner la bienveillance et l'empathie des autres, les personnalités manipulatrices et machiavéliques utilisent la persuasion et la gentillesse. Se montrer particulièrement soucieux ou attentif aux besoins de la victime, l'appeler, lui écrire, lui envoyer de l'argent ou l'aider moralement peuvent être des tactiques complémentaires à la stratégie initiale de persuasion par la gentillesse, sans pour autant être accablantes, désagréables ou inconfortables.

Être toujours d'accord avec la victime

L'un des moyens de plaire et d'avoir de l'empathie rapidement est de toujours être complice, c'est-à-dire d'être toujours d'accord avec la victime potentielle. Le manipulateur sait que l'un des meilleurs moyens d'établir une connexion est d'être d'accord avec sa proie. Sur tous les sujets que vous abordez, vous remarquerez que le manipulateur sera d'accord avec vous. Le fait de ne pas vous contredire, même sur des sujets controversés ou qui divisent, comme la politique ou la religion, est un signal d'alarme qui devrait vous faire réfléchir au fait que vous pourriez être la victime d'une de ces personnalités manipulatrices.

Organiser des activités communes

Un autre trait caractéristique des personnalités manipulatrices est d'organiser des activités avec leur victime. L'un des principaux objectifs du manipulateur est de faire un type d'activité spécifique, généralement planifié et cyclique. Si le manipulateur vous propose de l'accompagner à la salle de sport, à la bibliothèque, de faire des courses ou n'importe quelle activité de façon hebdomadaire ou quotidienne, c'est un signe presque indubitable que cette personne vous prend pour cible. En effet, le manipulateur, le narcissique ou le machiavélique, qui présente généralement des traits psychopathiques marqués, voudra vous étudier de près afin de pouvoir projeter sa personnalité sur la vôtre et gagner ainsi votre confiance.

Laisser le contrôle de la conversation à l'autre personne

La conversation est une activité qui nous permet d'interagir et d'apprendre à connaître les autres en les écoutant et en les laissant nous écouter. S'engager dans une relation, quelle qu'elle soit, avec quelqu'un nécessite un temps de conversation pour découvrir ce que cette personne pense et quelles sont ses attentes dans la vie. C'est ce qui permet à de nombreuses amitiés de durer dans le temps. Mais pour le manipulateur, la conversation n'est qu'une arme de plus à utiliser contre sa victime. Habituellement, lorsqu'une conversation s'établit, les parties alternent le discours ; l'une affirme ou pose une question et l'autre répond ou argumente. Le manipulateur vous laissera prendre les rênes de la conversation afin qu'il puisse écouter tout ce que vous dites et prendre des notes mentalement. Tout en gagnant votre confiance, il copie vos moindres gestes, traits de caractère, idées et sentiments sur différents sujets. Il est fréquent que les victimes de manipulateurs déclarent à leur thérapeute que la personne semblait toujours les écouter attentivement, avec beaucoup d'intérêt et de respect pour leurs moindres paroles et opinions.

Le pivot de Ransberger

Cette technique est liée aux précédentes, puisqu'il s'agit essentiellement de ne jamais contredire, corriger ou critiquer l'autre, même s'il a tort ou si son argument n'est pas fondé. Il est possible que la tension émotionnelle face à une contradiction provoque une tension entre les deux parties, de sorte que la discussion devienne de plus en plus intense. En résumé, on pourrait dire que la technique du pivot de Ransberger tente de trouver un terrain d'entente pour les opposés les plus extrêmes, il s'agit d'une tentative de conciliation ou de rapprochement de deux extrêmes idéologiques.

La première étape de cette technique consiste à écouter attentivement. Les manipulateurs restent respectueusement silencieux face aux arguments de leur interlocuteur. Ils ne le font évidemment pas pour parvenir à un accord avec l'autre partie, ni pour le comprendre ou pour coopérer : c'est simplement un moyen d'arriver à leurs fins.

La deuxième étape de cette technique consiste à prendre en compte les arguments de l'interlocuteur afin de parvenir à un accord. Cela nécessite de l'empathie, de la considération et de la patience. Le manipulateur suivra ces étapes à la lettre pour parvenir à manipuler sa proie. Il ne le fait pas parce qu'il a intérêt à trouver un accord avec la victime : c'est simplement l'une des nombreuses stratégies qu'il a à sa disposition.

La dernière étape consiste à reconnaître ses erreurs afin de parvenir à un accord entre les deux parties en conflit. Il peut y avoir des confrontations verbales, des insultes, des moqueries et toutes sortes d'attaques personnelles lors d'une dispute, mais l'objectif est que les deux parties fassent des efforts pour parvenir à un accord. Il est difficile pour les personnalités de la triade noire, qu'elles soient narcissiques, mégalomanes, manipulatrices ou psychopathes, de céder leur position dominante, car ce type de personne voudra toujours avoir raison à tout prix. Ainsi, si le manipulateur finit par céder, il ne le fera pas parce qu'il est d'accord avec sa victime, mais pour mieux la manipuler. Il acceptera de lui donner raison, même s'il ne partage pas du tout son avis, parce qu'il pensera toujours que son adversaire est beaucoup moins intelligent et capable que lui, et qu'il ne mérite donc pas son respect.

Le mensonge compulsif

Le mensonge compulsif est une tactique classique des manipulateurs pour obtenir ce qu'ils veulent de leurs victimes. En général, les personnes empathiques ont tendance à parler franchement et sincèrement, c'est-à-dire sans mentir, parce qu'elles veulent être transparentes avec leur interlocuteur. La personnalité manipulatrice, en revanche, cherche à contrôler sa victime comme s'il s'agissait d'une marionnette, en l'entraînant dans un tissu de mensonges constants et incessants. Elle génère ainsi le chaos dans l'esprit et les sentiments de sa victime, qui éprouvera un sentiment constant de confusion et de dissonance cognitive par rapport à ce qu'elle pensait être clair au départ. Le mensonge s'avère être une arme puissante de la personnalité manipulatrice pour obtenir ce qu'elle veut.

Le contrôle de l'information

Afin d'atteindre son objectif, le manipulateur profitera de chaque interaction avec la victime pour recueillir un maximum de données sur elle, qu'il pourra utiliser par la suite. Cela lui donne un avantage que son interlocuteur ignore. Par exemple, le manipulateur, cherchant à connaître le cercle intime de sa victime potentielle, s'arrange pour savoir quels sont les endroits qu'elle fréquente. Il lui est alors facile d'organiser une rencontre « par hasard ». Lorsque la victime se retrouve face au manipulateur, ce dernier prétend qu'il s'agit d'une rencontre fortuite et qu'il n'y est pour rien. Dans tous les cas, la victime y aura contribué en donnant consciemment ou inconsciemment des informations au manipulateur. Il s'agit d'un mécanisme très puissant utilisé par les personnalités manipulatrices.

Les techniques narcissiques (*love bombing*, dévalorisation, *gaslighting*)

La personnalité des manipulateurs comporte souvent des composantes narcissiques. Cela signifie que tôt ou tard, ils utiliseront ces techniques pour pouvoir soumettre et contrôler leur victime à volonté. Parmi les techniques les plus courantes du narcissique, on peut citer les suivantes :

- Le *love bombing* : ce terme signifie littéralement « bombardement d'amour ». Comme son nom l'indique, le manipulateur couvre sa victime potentielle de petites attentions, de compliments et de mots d'amour. Il s'agit de gagner sa confiance totale en lui faisant croire qu'il l'admire, la respecte et l'aime vraiment, même si, en réalité, il ne s'agit que d'un stratagème pour attirer sa proie dans le piège qu'il a tendu pour elle.

- La dévalorisation : cette technique consiste à toujours rabaisser la victime par rapport aux personnes avec lesquelles elle se compare constamment, afin de ternir son estime de soi et son ego. Dès lors, le respect et l'estime de soi de la victime peuvent être fragilisés et détruits à tout moment par le manipulateur.

- Le *gaslighting* : l'origine de cette technique narcissique provient d'un film des années 1940, où un personnage tente de semer le doute dans l'esprit de sa femme en modifiant la luminosité de leur foyer à l'aide du robinet de gaz et en disant ensuite à sa victime que c'est elle qui voit une différence de luminosité alors qu'il n'y a rien de changé. En agissant de la sorte, il essaie de la faire douter de sa santé mentale et de la faire passer pour une folle. Ainsi, en déformant la vérité, en diffamant, en mentant sans sourciller, ou en rendant les autres responsables de ce qu'il fait, le manipulateur parvient à confondre sa victime en la perturbant, aussi bien physiquement, que psychologiquement et verbalement. Cela provoque une grande dissonance cognitive chez la victime, qui finit par laisser sa santé mentale aux mains du manipulateur.

4 - QU'EST-CE QUE LA PNL ET COMMENT L'UTILISER POUR REPROGRAMMER NOTRE CERVEAU ?

Le terme PNL (Programmation Neuro Linguistique) est l'un des termes les plus employés de ces cinquante dernières années. Pour résumer, la PNL pourrait être définie comme la discipline qui s'occupe de reprogrammer le cerveau à l'aide de techniques de langage verbal et non verbal. Elle repose sur le principe que notre cerveau est en plastique, c'est-à-dire qu'il a la capacité de se modeler et de se réadapter en fonction des principes que nous lui inculquons. La métaphore du hardware et du software s'applique ici : le cerveau serait une sorte de hardware, de matériel informatique, et le langage, qu'il soit verbal ou non, serait le software, le logiciel, avec lequel nous le programmons. Toutes les idées que nous avons, qu'elles soient bonnes ou mauvaises, sont déterminées par notre conditionnement culturel et social.

Cela signifie que le cerveau réagit aux situations de la vie en suivant un schéma particulier qu'il s'est lui-même créé, consciemment ou non. Chacun d'entre nous possède son propre mode de fonctionnement, et nous avons donc tendance à voir les problèmes auxquels nous sommes confrontés sous un angle particulier. Ainsi, l'un des principes de la PNL est que le schéma à suivre face à une situation ne change pas, ce qui change, c'est la place que nous occupons dans ce schéma, c'est-à-dire que le point de vue des uns est totalement différent de celui des autres.

L'un des grands pouvoirs de la PNL est de permettre de corriger nos mauvaises habitudes, de réaliser des changements de méthode et de procédure dans les tâches que nous effectuons ou encore de changer notre façon de voir les choses. Par exemple, contempler le panorama d'une ville depuis l'ascenseur d'un immeuble, à travers ses baies vitrées transparentes, n'a absolument rien à voir avec le fait de le faire depuis le dernier étage où l'on s'approche du bord et où l'on peut avoir le vertige, sentir le vent souffler dans nos oreilles, sans pouvoir entendre ce que dit notre interlocuteur. De même, l'expérience est totalement différente pour ceux qui voient l'immeuble et le panorama de la ville depuis un hélicoptère, ou même depuis les images d'un drone équipé d'une caméra haute résolution. Il s'agit de la même scène et du même lieu, mais les perspectives sont totalement opposées.

Cela peut nous donner une idée de l'importance de la PNL dans notre vie. Voyons à présent un exemple dans lequel les principes de base de la PNL ont été appliqués avec succès.

« Je m'appelle Jorge et j'habite dans la banlieue de Bogota, une grande ville d'Amérique latine. Je travaille comme conseiller au service clientèle d'une entreprise multinationale. Chaque matin, j'emprunte les transports en commun, comme des millions d'autres personnes, pour me rendre à mon travail dans le centre-ville. Ce processus est quelque peu complexe et fastidieux, si bien que mon humeur en arrivant sur mon lieu de travail n'est pas aussi bonne que lorsque je me suis levé. Jusqu'à ce que j'apprenne l'existence de la PNL et de ses merveilleuses techniques, je n'avais aucune idée de la manière dont je pouvais changer mon point de vue sur les choses.

Ce matin-là, lorsque je suis arrivé au travail, le premier appel que j'ai reçu a été celui d'une femme très en colère contre l'entreprise, qui avait, selon elle, le pire service au monde. Je lui ai demandé de se calmer, car elle criait beaucoup. Je lui ai dit : « Vous n'avez pas besoin de crier pour me faire comprendre la gravité de votre problème, madame », mais la cliente a continué de plus belle, hystérique, comme si elle était en transe. Alors que j'essayais de comprendre la raison de sa fureur, à savoir une défaillance de sa connexion Internet, sa rage l'empêchait d'avoir la clarté mentale nécessaire pour m'aider. Elle s'est alors mise à hurler. Pendant un moment, j'ai pensé à lui répondre de la même manière, c'est-à-dire en dépassant les limites de décibels autorisées dans un appel. De son côté, elle hurlait au téléphone : « Personne ne va lever le petit doigt pour résoudre mon problème ? »

Me souvenant de ce que j'avais lu dans un livre sur la PNL, j'ai décidé d'appliquer la technique inverse. La femme criait tellement que mon supérieur a commencé à m'envoyer des messages sur WhatsApp pour me demander ce qui se passait avec cette cliente ! J'ai décidé d'utiliser la technique de la neutralisation. Ainsi, lorsque son long monologue rempli d'insultes, de cris et de menaces prit fin, je suis resté silencieux. Nous n'avons pas le droit de couper le micro, sauf lorsque nous demandons au client d'attendre une réponse de notre part. Je suis donc resté dans le plus profond silence en attendant que la cliente se taise une fois pour toutes.

« Alors, quoi ? Tu ne vas rien dire ? Tu vas rester là comme un con ? Espèce de bon à rien ! », hurla la femme, manquant de me faire exploser les tympans.

Finalement, après environ cinq minutes de silence, la colère de la femme a commencé à passer et elle s'est calmée. J'ai alors repris l'appel depuis le début et j'ai suivi les étapes décrites dans le protocole de service à la clientèle : la femme a suivi mes instructions et a réussi à rétablir la connexion. À la fin de l'appel, elle était tellement embarrassée par son comportement qu'elle m'a donné la meilleure note au questionnaire de satisfaction. Cela m'a prouvé que la PNL fonctionnait à merveille. »

La plupart des événements que nous vivons dans la vie, qu'ils soient bons ou mauvais, sont liés à notre façon de voir le monde. Si quelque chose est difficile pour nous, il le restera jusqu'à ce que nous cessions de le voir comme quelque chose de difficile. Les craintes et les idées fausses que nous avons sur le monde et sur les personnes qui nous entourent déterminent si nous réussirons les projets que nous entreprenons, ou non. C'est en changeant notre façon de faire les choses, et non les choses elles-mêmes, que nous obtiendrons un résultat différent. Certaines personnes disent que ce qu'elles font, elles le font de la même manière depuis de nombreuses années, et comme cela a toujours fonctionné, alors c'est suffisant.

Tout comme les mots, les gestes permettent de communiquer des choses, des sentiments, des émotions et des idées. Notre cerveau est conçu pour capter les différents stimuli qui nous parviennent du monde extérieur sous forme d'odeurs, de formes, de couleurs, de sensations, de goûts, de sons, etc. À l'image d'un puzzle, une fois qu'il a organisé les pièces dans le système complexe des synapses neuronales, cet organe fascinant nous offre une image, une représentation qui sera pour nous une sorte de modèle de cette réalité, représentée dans son ensemble.

C'est la raison pour laquelle certaines personnes font mauvaise impression lors d'un entretien d'embauche ou d'une rencontre sur Internet, par exemple : notre cerveau est programmé pour supposer que quelque chose est bon ou mauvais, convenable ou non. Cette programmation est le résultat des enseignements acquis depuis la petite enfance, de notre niveau social et culturel, de nos origines, de notre système de perceptions à travers notre corps et ses sens, etc. Au final, comme dans une recette de cuisine où l'on peut modifier les doses de tel ou tel ingrédient, le résultat sera plus ou moins satisfaisant, de même qu'un gâteau ou une omelette peuvent être plus ou moins insipides, pâteux, crémeux, légers ou délicieux. Tout dépend de notre PNL.

La manière dont nous abordons le travail que nous effectuons, le temps que nous y consacrons, les résultats obtenus, ainsi que l'argent que nous gagnons pour le faire, déterminent la vision globale que nous avons de ce travail. Nous serons satisfaits ou non des résultats à la fin du mois. Quoi qu'il en soit, nous sommes en grande partie responsables des résultats, des décisions, des choix et des processus. En effet, ils sont les conséquences d'une série de causes antérieures, notamment la manière dont nous avons appris à faire le travail et la manière dont il est fait.

C'est en forgeant qu'on devient forgeron, pourrait être la synthèse de ce que la PNL entend faire pour améliorer la vie des gens. Prenons un exemple : si Monsieur X, qui est accro au jeu, prend tout l'argent qu'il possède et va jouer à la roulette, en croyant qu'ainsi, par un coup de chance, il gagnera le gros lot et deviendra millionnaire en un clin d'œil, il échouera probablement dans sa tentative, perdra tout son capital et se retrouvera totalement ruiné.

En revanche, si Monsieur Y, qui a travaillé pendant des années, s'est mis à étudier une nouvelle niche de marché, a inventé un nouveau produit ou excelle dans l'art de cuisiner, et qu'il décide d'ouvrir une entreprise, ses chances de réussite sont bien meilleures que celles de notre ami Monsieur X, l'accro au jeu.

La façon dont nous faisons les choses a autant d'influence sur le résultat que la vision que nous en avons dans notre esprit. On pourrait représenter la technique de la PNL sous la forme d'un organigramme comme celui-ci :

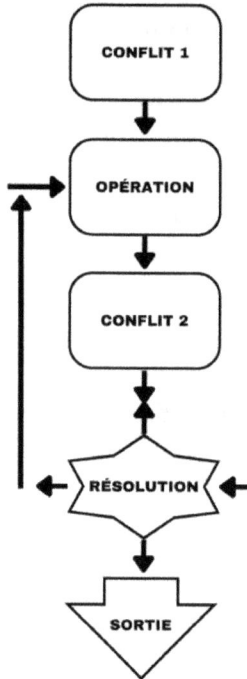

Ce schéma opérationnel de la PNL nous permet de visualiser le processus de prise de décision dans lequel nous échouons constamment. En présence d'un conflit, qui peut être n'importe quel type d'événement ou de situation dans lequel nous sommes contraints de prendre une décision, nous optons toujours pour une OPÉRATION : il peut s'agir d'une dispute familiale, professionnelle ou amoureuse, ou encore d'un conflit avec un inconnu dans la rue.

Le conflit peut nous amener à nous figer, à discuter, à nous disputer, à crier, voire à nous confronter physiquement. L'OPÉRATION sera la manière dont nous aborderons le conflit, lorsque le sang chaud se dissipera de notre esprit, nous commencerons alors à voir quelle décision pourrait être la meilleure face au problème.

La situation peut dégénérer en un deuxième conflit, où le niveau d'agression et de menace augmente, de même que les cris et les insultes, le genre de dispute où les assiettes peuvent voler par-dessus les têtes, s'écraser contre les murs, etc.

Cela conduit nécessairement à la RÉSOLUTION, qui nous convaincra de la nécessité de fuir ou de combattre, de renoncer ou d'insister, de négocier ou de se rendre. Il peut y avoir une boucle qui nous ramène au début et à l'apparition d'autres conflits intermédiaires, où des tiers ou des événements plus ou moins graves peuvent apparaître, augmentant le conflit et le rendant insoutenable.

En général, ce diagramme se conclut par la SORTIE, qui met fin à la situation, en la résolvant en notre faveur ou en notre défaveur.

Les étapes de ce schéma opérationnel de la PNL seront déterminées par notre capacité à gérer chacune de ces situations conflictuelles intermédiaires. La PNL étant un vaste sujet en soi, cette section nous permet de montrer que les mécanismes de reprogrammation du langage neuronal, verbal et non verbal, ont une influence profonde sur tous les domaines de notre vie : scolaire, social, culturel, affectif, sexuel, économique, familial, etc.

La neuroplasticité est un outil qui nous permet de devenir de meilleures personnes, en changeant nos mauvaises habitudes pour de nouvelles plus positives, ce qui a une influence certaine sur notre corps et notre esprit à long terme. Le cerveau peut être reprogrammé en fonction de ce que nous voulons faire. Nous pouvons apprendre de nouvelles langues, pratiquer des sports, étudier différentes disciplines pour nous adapter de la manière la plus intelligente possible à un monde en perpétuelle mutation.

L'esprit des manipulateurs nous traque constamment, profitant de la moindre de nos erreurs pour tenter de nous détruire. C'est pourquoi il est essentiel d'approfondir la pratique des stratégies de la PNL pour contrer les personnalités à la psychologie noire, comme nous le verrons dans le chapitre suivant.

5 - CONNAÎTRE LA PSYCHOLOGIE NOIRE

Comme nous l'avons vu tout au long de ce livre, la psychologie noire est une sorte d'anomalie psychologique chez certaines personnes qui présentent une tendance naturelle à la manipulation, au mensonge, au narcissisme, au machiavélisme et à la psychopathie, et qui exercent une violence inavouée sur leurs victimes. Les traits empathiques, qui sont ceux qui nous permettent de nous préoccuper sincèrement des problèmes des autres, nous ont permis de progresser en tant que civilisation.

Les sociétés d'aujourd'hui sont basées sur le grégarisme, c'est-à-dire la tendance instinctive à vivre en groupe. Les comportements sociaux deviennent donc un pilier fondamental pour faire évoluer les sociétés modernes au niveau de leurs industries, leurs institutions académiques, leurs institutions culturelles, leurs activités économiques, leurs échanges commerciaux, leurs voyages, etc.

Dans un monde dominé par les esprits de la psychologie noire, il n'y aurait pas de progrès, c'est-à-dire que chacun suivrait sa propre voie, quitte à écraser tous les autres, sans aucune sanction sociale ou morale. Ce serait un peu comme dans les steppes africaines où les prédateurs s'emparent de leurs proies à leur guise, sans aucun remords.

Dans la plupart des sociétés modernes, l'escroquerie, la tricherie, la corruption et d'autres crimes commis par des esprits appartenant à la triade noire de la psychologie sont punis par la loi. Il va sans dire que toutes ces personnalités obscures ne sont pas des psychopathes. Nombre d'entre elles sont intégrées et celles qui ne le sont pas sont généralement privées de liberté dans des prisons ou des institutions psychiatriques hautement sécurisées. Selon le Dr Robert Hare, psychologue clinicien qui établit le profil des psychopathes depuis de nombreuses années, les psychopathes intégrés accomplissent leurs actes les plus abjects en toute conscience et selon leur propre volonté :

« Malgré cela, presque tout le monde est d'avis que certains crimes brutaux, en particulier la torture et le meurtre, sont l'œuvre de fous, comme l'illustre la phrase « il faut être fou pour faire ça ». C'est peut-être vrai d'une certaine manière, mais pas d'un point de vue psychiatrique ou juridique. Comme je l'ai déjà dit, certains tueurs en série sont fous. Pensez par exemple à Edward Gein, dont les crimes terribles et bizarres ont servi de base aux personnages de livres et de films tels que Psycho, Massacre à la tronçonneuse et Le silence des agneaux. Gein tuait, mutilait et parfois mangeait ses victimes. Il fabriquait des objets grotesques - lampes,

vêtements, masques - à partir de leur peau et d'autres parties de leur corps. Au cours de son procès, les psychiatres de la défense et de l'accusation ont convenu qu'il était psychotique ; le diagnostic psychiatrique a été la schizophrénie chronique et le juge l'a envoyé dans un hôpital spécial pour criminels dérangés.

Cependant, la plupart des tueurs en série ne sont pas comme Gein. Ils peuvent torturer, tuer et mutiler leurs victimes - un comportement incroyable qui met à l'épreuve notre conception du terme « santé mentale » - mais dans la plupart des cas, rien ne prouve qu'ils soient dérangés, mentalement confus ou psychotiques.

Nombre de ces tueurs - Ted Bundy, John Wayne Gacy, Henry Lee Lucas, pour n'en citer que quelques-uns - ont été diagnostiqués comme psychopathes, ce qui signifie qu'ils sont mentalement sains selon les canons psychiatriques et juridiques actuels. Tous ont été envoyés en prison et, dans certains cas, exécutés. Mais la distinction entre les tueurs dérangés et les tueurs sains d'esprit mais psychopathes n'est pas si claire. Cette différence est le résultat d'un débat qui dure depuis des siècles et qui a parfois frôlé la métaphysique. »[2]

Les distinctions entre les différents types de personnalités obscures peuvent nous éclairer sur les raisons de leurs actes. Une croyance très répandue veut que tous les escrocs et les criminels soient des psychopathes. Robert Hare affirme que ce n'est pas vrai, car il existe des nuances, comme dans toute analyse de la nature humaine et de la psychologie. Cependant, les psychopathes, les

---

[2] Sans conscience. Robert Hare. Paidós, pp. 26.

sociopathes et ceux qui composent la triade noire de la psychologie ont tous un facteur en commun : la motivation narcissique.

On pourrait dire que ce type de personnalité observe les autres comme un scientifique observe son sujet d'étude, avec une certaine distance et dans la plus grande indifférence, afin de trouver leurs points faibles et s'en servir contre eux. La victime, même si elle a l'illusion que le prédateur psychologique s'occupe d'elle, est utilisée comme un outil pour obtenir ce qu'il veut, quel que soit le but recherché. C'est pourquoi les personnalités empathiques, innocentes ou bonnes croient que le manipulateur, le sociopathe, le narcissique ou le psychopathe se comportera comme elles, parce qu'il leur est impossible de croire que quelqu'un puisse ne pas avoir la moindre trace de compassion ou de considération pour autrui, et que personne ne puisse être égoïste au point de penser d'abord à soi sans se préoccuper de ce que ressentent les autres.

Les machiavéliques ont tendance à se concentrer sur les désirs, les espoirs et les espérances des autres afin de les utiliser à leur propre avantage. Les escrocs, les dirigeants politiques, les séducteurs, les charlatans et les criminels aux traits de personnalité sombres connaissent bien les points faibles de leurs victimes potentielles, de sorte que, après avoir analysé les faiblesses de leur proie, ils peuvent les attaquer de manière efficace.

Il faut garder à l'esprit que la nature des personnalités sombres fonctionne comme celle d'un animal de proie. La victime empathique fait confiance et montre son cou au prédateur manipulateur. Ce dernier, au lieu de lui mettre un bijou luxueux et scintillant autour du cou, se jettera sur elle pour se nourrir, parfois non seulement de son corps - comme dans certains cas de psychopathes et d'assassins que nous verrons plus loin - mais aussi de son âme, de ses sentiments et de ses émotions.

Comme l'affirme le Dr Iñaki Piñuel, éminent psychologue espagnol et disciple de Robert Hare : « Les psychopathes sont de véritables prédateurs de l'espèce humaine et des anomalies dans le monde de la psychologie humaine. »

6 - COMPRENDRE LES TECHNIQUES DE MANIPULATION PSYCHOLOGIQUE ET LA PNL

Un aspect fascinant de la psychologie noire est la façon dont ces personnes utilisent des techniques qui s'appliquent à la PNL pour exercer leur manipulation psychologique sur leurs victimes. La stratégie la plus courante utilisée par les personnalités manipulatrices est l'influence émotionnelle sur leurs victimes. La victime croit que cette personne gentille, compréhensive, empathique et apparemment bienveillante est un bon être humain.

Mais les intentions du manipulateur sont différentes : il veut gagner progressivement la confiance de sa victime pour obtenir ce qu'il veut. Les motivations qui poussent une personnalité machiavélique et manipulatrice à vouloir prendre le contrôle absolu des pensées et de tous les aspects de la vie d'une autre personne peuvent être multiples.

Il portera toujours un masque pour rester discret et cacher son vrai visage. Quelle que soit la faiblesse de la victime, le manipulateur l'exploitera pour prendre le contrôle. Si une personne est émotionnellement fragile, quelle qu'en soit la raison (crise économique, rupture, perte d'un être cher, licenciement, entre autres), il en prendra compte. Il pourra offrir un soutien illimité pour écouter la victime exprimer ses frustrations, ses craintes et ses peurs. Il lui tendra la main en lui offrant un soutien financier car il sait que la vulnérabilité financière est le tremplin idéal pour prendre le contrôle de la vie d'autrui.

La PNL et ses techniques constituent une stratégie efficace que les praticiens de la psychologie noire peuvent appliquer comme méthode de contrôle psychologique. Comme nous l'avons vu dans le chapitre précédent, la PNL permet de modeler et de reprogrammer le cerveau grâce à des techniques de langage verbal et non verbal. Étant donné le pouvoir des mots pour introduire des ancrages dans l'esprit, c'est-à-dire des points d'appui pour commencer à se hisser vers ce que les experts appellent la plasticité cérébrale, les manipulateurs les utilisent avec tout leur charme superficiel et banal pour séduire leurs victimes potentielles.

En général, les personnalités de la triade noire ont une grande capacité d'empathie avec leurs victimes. Elles sont élégantes, charismatiques et ont une capacité psychologique à s'adapter aux intérêts particuliers de leurs proies, ce qui leur permet d'en tirer profit. De nombreuses personnes sont tombées dans le piège de ces individus à la psychologie sombre. À notre époque, où les applications de rencontre et les réseaux sociaux sont utilisés en masse, ces personnalités sombres abondent, ce qui laisse imaginer leur potentiel toxique et négatif.

Témoignage d'une victime de manipulation

« Je m'appelle Carine (nom fictif) et j'ai 20 ans. Je suis étudiante en communication sociale et en journalisme. Bien que je n'aie pas l'habitude d'utiliser des applications de rencontres, un jour où je m'ennuyais, j'ai décidé d'aller sur l'une d'entre elles, la plus connue. J'ai commencé à faire défiler les profils d'hommes et l'un d'entre eux a attiré mon attention. Son profil disait : « Bonjour, je m'appelle Eric, j'ai 32 ans. Je suis chirurgien, écrivain, musicien, passionné de fitness et aventurier irrémédiable. J'aime les petits détails, les rendez-vous passionnés et je suis un éternel romantique. J'aimerais partager un moment spécial avec vous. »

Il avait tout du prince charmant : beau, grand, musclé, habillé avec goût et élégance - il portait une montre luxueuse qui semblait en or – en plus d'avoir un avenir financier et professionnel. Je me suis donc dit que je n'avais rien à perdre à faire la connaissance de cet homme qui semblait très intéressant. J'ai aimé son profil et quelques minutes plus tard, Eric m'a répondu : « Waouh, je n'arrive pas à croire qu'une déesse puisse remarquer un mortel comme moi. » J'ai ri, car j'ai pris cela pour un compliment exagéré. Après quelques minutes de conversation avec lui, je me suis sentie très à l'aise.

Je ne saurais dire ce qui me mettait si à l'aise, mais je voulais continuer à parler à cet homme. J'ai commencé à l'idéaliser. Il m'a raconté comment il avait travaillé sur un bateau de pêche à travers l'Asie et l'Afrique, comment il avait été soldat en Afghanistan, comment il avait étudié le piano depuis l'âge de trois ans, comment il avait écrit six livres et comment il avait fait tout cela en relativement peu de temps, tout en complétant sa carrière de chirurgien. Je me doutais de quelque chose, certains détails ne collaient pas tout à fait avec l'histoire, néanmoins, j'ai continué à lui parler.

Un jour, Eric m'a écrit qu'il venait dans ma ville. Il m'a dit qu'il vivait à Madrid, mais qu'il venait à New York pour un séminaire international de chirurgie. J'ai eu des papillons dans le ventre. J'ai même acheté de nouveaux vêtements pour ce que je croyais être le rendez-vous de ma vie. Je rêvais déjà de la vie que j'aurais avec Éric, l'homme idéal : le mariage dans la cathédrale de Séville, qui était son rêve, la lune de miel à Bali, les enfants que nous aurions (il voulait une fille et un garçon), la maison dans laquelle nous vivrions, au bord de la Méditerranée, en Italie, etc. Mon professeur a dû attirer mon attention plusieurs fois pendant les cours en ligne, car j'avais l'air de rêver tout le temps. J'ai d'excellentes capacités de communication, ce qui fait que mes notes à l'école sont toujours au-dessus de la moyenne, mais Eric semblait avoir un arsenal de tournures de phrases, de mots, et d'expressions qui me déconcertaient.

Eric m'a dit qu'il ne pouvait pas se rendre à New York. Il avait un gros souci, un problème au sujet de la santé de son père qui l'avait pris par surprise alors qu'il était déjà à l'aéroport, où ils avaient perdu ses valises avec son argent et ses cartes bancaires. Puis, comme nous nous parlions quotidiennement depuis plusieurs mois, il m'a demandé si je pouvais faire quelque chose pour lui, quelque chose dont il me remercierait toute sa vie. J'ai répondu que oui, bien sûr. Il m'a demandé 300 dollars pour le tirer d'affaire. Comme ma famille a un certain niveau de richesse et que j'ai une entreprise qui génère un revenu mensuel, je me suis dit que prêter 300 dollars à Eric ne serait pas la mer à boire. Comme il ne semblait pas avoir de problèmes financiers d'habitude, je lui ai envoyé l'argent.

Le lendemain, j'ai remarqué qu'Éric n'était plus là. Quelque chose semblait lui être arrivé. Je lui ai écrit sur WhatsApp et sa photo de profil où il apparaissait sur un yacht, portant des lunettes de soleil et buvant du champagne, avait disparu. Je lui ai écrit sur ses autres réseaux sociaux, mais ils étaient inactifs. Mon cœur s'est serré et j'ai eu envie de pleurer. Eric, l'image même de l'homme idéal, celui avec lequel je rêvais d'avoir des enfants et de vivre dans une maison avec vue sur la mer, n'était plus là.

Quelques jours plus tard, alors que je cherchais des informations sur internet pour mon mémoire de fin d'études, je suis tombée sur l'article suivant : « Un homme escroquait des femmes sur une application de rencontre très connue. » Je n'arrivais pas à croire ce que je lisais. Eric était en fait un homme qui travaillait comme serveur à Barcelone, en Espagne. Il a créé un profil attrayant avec des photos suggestives et une biographie impressionnante. En outre, ses traits physiques et son charisme constituaient un appât parfait pour les femmes ayant un certain niveau d'exigence qui souhaitaient une relation avec un homme :

« L'escroc des réseaux sociaux, qui se faisait appeler Eric, s'appelle en réalité Sebastian. Il a abandonné sa carrière d'infirmier pour tirer profit de son charme en séduisant des femmes du monde entier. Bien que le crime dont il est accusé dans de nombreux pays ne soit pas passible d'emprisonnement, ce qui explique pourquoi il n'est pas possible de l'arrêter, son profil est diffusé sur des groupes Instagram et Facebook afin de mettre les femmes en garde contre ce prédateur émotionnel et financier. »

Après cette expérience, je me suis promis de ne plus jamais utiliser une application de rencontre. »

À travers ce témoignage, il est possible d'analyser l'esprit d'une personnalité sombre, qui profite des caractéristiques qui la rendent attirante pour le sexe opposé, afin de manipuler les femmes qui idéalisent les relations affectives. Selon les principes de la PNL, notre esprit et ce que nous pensons ont une influence sur notre corps. Pour de nombreux médecins, c'est ce qui provoque les maladies psychosomatiques et qui entraîne de nombreuses personnes souffrant d'hypocondrie aux urgences, ce qui provoque de fausses alertes médicales. En d'autres termes, l'esprit projette dans le corps tout ce qu'il crée.

Le processus par lequel l'esprit marque la mémoire d'une sorte de sceau qui fait durer un souvenir, une idée, une image ou tout autre type de processus cérébral, se produit plus tard, de manière inconsciente. Cela signifie que l'effort initial des sens pour créer ce point de mémoire dans le cortex cérébral, bien que totalement conscient et rationnel au départ, finit par devenir automatique et inconscient. La PNL ressemble beaucoup à la programmation d'un équipement informatique. Après tout, le cerveau est ce qui se rapproche le plus du matériel informatique, et les informations que nous y introduisons sont pratiquement des logiciels.

Il est important de savoir que la PNL n'a pas pour but d'entrer dans le système complexe de fonctionnement du cerveau. Son but est d'optimiser les processus et le fonctionnement en fonction de ce dont nous avons besoin. Tout comme les grand artistes, les scientifiques ou les intellectuels qui entraînent leur cerveau pour pouvoir accomplir leur travail, les manipulateurs utilisent la plasticité du cerveau par le biais de la PNL pour contrôler le cerveau de leurs victimes afin d'atteindre les objectifs machiavéliques de leur plan obscur et secret.

Lorsque nous rencontrons une personne pour la première fois, notre inconscient est marqué au fer rouge, non seulement par son apparence, ses vêtements, son charisme et sa personnalité, mais surtout par son langage verbal et non verbal. En général, les personnes charismatiques et à la personnalité attrayante ont tendance à avoir une gestuelle caractéristique et un lexique très personnel. C'est exactement ce que fait la PNL dans notre cerveau : elle le façonne en fonction de ce qu'il lit dans le monde qui l'entoure.

Dans la PNL, il existe un concept connu sous le nom de RAPPORT, qui signifie se mettre au diapason. Lorsque nous rencontrons quelqu'un pour la première fois, le cerveau reçoit une série de signaux pour créer une carte mentale de cette personne afin de l'enregistrer dans sa mémoire. Le langage, aussi bien verbal que non verbal, forme une sorte de ligne maîtresse qui sera gravée dans l'inconscient, généralement de manière définitive. C'est pourquoi on dit que la première impression est décisive et définitive, parce que le cerveau considère cette puissante première impression comme étant quelque chose de radical.

De nombreux spécialistes de l'hypnothérapie clinique, comme Milton Erickson dans les années 1970, ont reconnu l'existence d'une technique psychologique connue sous le nom de synchronisation ou effet miroir. Selon cette technique, les gestes verbaux et non verbaux d'une personne influencent le cerveau des autres. Citons parmi eux les nuances de la voix, les gestes de la main, les mouvements de la tête, les regards, etc. Les neurones miroirs ont tendance à copier tous les gestes des nouvelles personnes que nous rencontrons au cours de notre vie. Le mimétisme corporel est une technique que nous avons hérité des primates et qui, même après des milliers d'années d'évolution, conserve un grand pouvoir. C'est pourquoi, inconsciemment, nous

nous identifions aux personnes qui copient nos gestes lorsque nous parlons.

Les manipulateurs et les personnes de la triade noire le savent bien. Ils sont très forts pour utiliser cette puissante technique afin d'entrer en empathie avec leurs victimes potentielles. Les acteurs et les politiciens, ainsi que d'autres personnalités très charismatiques, connaissent bien le pouvoir de cette technique de mimétisme qui leur permet de se connecter beaucoup plus rapidement que s'ils connaissaient l'autre personne. De même, lors d'une séance avec un thérapeute, lorsqu'on nous demande de penser à quelque chose, par exemple à la maison de notre enfance, les images qui nous viennent à l'esprit sont différentes pour chacun d'entre nous : certains se souviendront d'une odeur, d'autres d'un tableau dans le salon, d'autres de la musique qu'ils écoutaient ou de la nourriture qu'on leur servait, et ainsi de suite.

En PNL, tous les sens n'ont pas la même importance pour tout le monde : chacun d'entre nous en développe un plus que les autres. Les manipulateurs et les personnalités de la triade noire s'en servent pour influencer davantage ou obtenir plus d'empathie de la part des personnes avec lesquelles ils interagissent. Selon le sens le plus développé, le concept de rapport que nous avons vu précédemment sera utilisé par le manipulateur pour s'introduire dans l'esprit d'autrui. Le manipulateur assemblera délibérément ces fragments dans l'esprit d'une personne, jusqu'à ce qu'il la contrôle totalement.

Il s'agit d'un processus lent. La sensorialité sera exploitée en fonction du plan que le manipulateur a en tête pour cette personne. Lorsqu'il aura étudié la personne, analysé ses gestes, ses goûts, ses points faibles, il l'emmènera où bon lui semble.

Le manipulateur a la capacité d'introduire littéralement ses propres concepts et idées dans le cerveau des autres afin de les utiliser à son avantage. Il existe deux techniques fondamentales qui agissent presque comme une clé permettant de déverrouiller n'importe quel esprit et de modifier ses plans, ses idées, ses valeurs, etc.

1. Renforcer les aspects positifs et effacer les aspects négatifs

Comme son nom l'indique, cette technique consiste à faire en sorte que des images, des souvenirs, des sons, des odeurs et des goûts positifs associés à une personne ou à une situation influencent d'autres personnes. Il s'agit de faire en sorte que les souvenirs associés à une situation, de préférence une situation dont le lecteur est le protagoniste, se transfèrent sur l'autre personne que l'on souhaite influencer positivement.

Les souvenirs associés, tels que la musique, les images, les odeurs, les perceptions tactiles et les synesthésies, c'est-à-dire les éléments qui peuvent concerner plusieurs sens en même temps, auront une connotation positive pour vous qui êtes au centre de la situation.

En revanche, il faut faire en sorte que le négatif se dissipe avec le temps, en faisant oublier à la personne que l'on veut influencer les aspects désagréables pour les cinq sens. Cela produira une impression positive sur les personnes que nous choisissons de marquer par notre présence.

2. Créer une motivation

Les manipulateurs créent des motivations à partir de souvenirs positifs pour l'autre personne, en stimulant les lobes du cerveau qui revivent ces sentiments. Cela incitera le cerveau de l'autre personne à revenir en arrière et à réactiver ces bons souvenirs, ce qui le motivera. Ceci est basé sur le principe qu'une émotion positive engendra toujours une émotion positive.

CHAPITRE 2 : GÉNÉALOGIE DE LA PSYCHOLOGIE

2.1 Généalogie de la psychologie

La psychologie est une discipline qui semble aussi ancienne que l'humanité elle-même. L'origine du mot psychologie dans le milieu universitaire remonte au XVIIIe siècle avec le philosophe Christian Wolff (1679-1754), qui a utilisé le terme dans deux de ses ouvrages, *Psychologia empirica* (1732) et *Psychologia rationalis* (1734).

Cependant, ses principes fondamentaux ont vu le jour à la fin du XIXe siècle, lorsque des écrivains et des penseurs, tels que le philosophe pragmatiste William James (1824-1910), ont commencé à en poser les bases. Mais pour les chercheurs et les penseurs, c'est sans conteste Sigmund Freud (1856-1939) qui est le père de la psychanalyse et le précurseur de l'étude de l'esprit et du comportement humains.

L'étymologie du mot psychologie vient des mots grecs psykhé (âme, activité mentale) et λογία, logía, (traité ou étude). La psychologie est donc l'étude du comportement des êtres humains. Au sens strict, elle ne peut être considérée comme une science, car il n'existe aucune méthode permettant de prédire ou de régir le comportement de l'esprit humain. En ce sens, on peut dire qu'il s'agit d'une discipline parascientifique, c'est-à-dire qu'elle utilise les méthodes de la science, mais qu'elle n'a pas la rigueur nécessaire pour être considérée comme telle.

On peut dire qu'il y a deux grands concepts fondamentaux qui s'appliquent à l'étude de la psychologie : les psychologues qui mettent l'accent sur l'analyse subjective, avec des méthodes telles que la projection de pensées, et ceux qui affirment que la psychologie doit être une science dont les principes sont purement expérimentaux et empiriques.

De manière beaucoup plus globale, depuis son origine, il y a eu différentes branches ou disciplines dérivées du tronc commun de la psychologie. En voici les principales :

Au XVIIIe siècle :

L'associationnisme, du penseur allemand Johann Friedrich Herbart (1776-1841), critique de l'idéalisme de Schelling, Fichte et Hegel, et adepte de la pensée critique et réaliste d'Emmanuel Kant (1724-1804), qui affirme dans ses œuvres que les processus mentaux sont fondés sur un rationalisme empirique.

Au XIXe siècle :

- 1879 : la psychologie expérimentale, W. Wundt.

- 1890 : la psychologie fonctionnaliste, William James (James Rowland Angel, 1907).

- 1898 : le structuralisme, Edward Titchener.

- 1896 : la psychanalyse, Sigmund Freud.

Au XXe siècle :

- 1911 : la psychologie appliquée, Hugo Münsterberg.

- 1913 : le comportementalisme, John Broadus Watson.

- 1927 : la psychologie historico-culturelle, Lev Vygotski.

- 1940 : la Gestalt-thérapie, Fritz Perls.

- 1953 : la thérapie comportementale, Lindsley, Skinner et Solomon.

- 1954 : la thérapie comportementale rationnelle et émotive, Albert Ellis.

- 1955 : le constructivisme, Jean Piaget et George Kelly.

- Années 1960 : la thérapie cognitive, Aaron T. Beck.

- 1962 : la psychologie humaniste, Association américaine de psychologie humaniste.

- 1967 : la psychologie cognitive, Ulric Neisser.

- 1973 : la neuropsychologie, Alexander Luria.

- 1986 : le connexionnisme, Groupe de recherche PDP.

- Années 1990 : la psychologie positive, Martin Seligman.

- 1992 : la psychologie évolutionniste, Barkow, Cosmides et Tooby.

Au XXIe siècle :

L'avènement de la technologie, et en particulier de la virtualité, a donné à la psychologie un nouveau souffle au XXIe siècle. L'émergence de nouvelles techniques dans le domaine médical, notamment en neuropsychiatrie et en neuropsychologie, a donné lieu à des théories et des hypothèses révolutionnaires sur la relation entre l'esprit humain et la virtualité.

La psychologie sociale, avec ses approches progressistes du genre et des minorités, est l'un des centres d'intérêt de l'analyse du XXIe siècle. Les neurosciences sociales, par exemple, sont l'une des nouvelles approches psychologiques actuelles. Ainsi, l'étude des processus psychologiques se concentre spécifiquement sur la psychobiologie et les neurosciences.

Les phénomènes humains sont causés par des processus cérébraux, c'est pourquoi ils ne peuvent être expliqués objectivement que sur la base des sciences naturelles.

La technologie actuelle permet de donner une explication plus plausible aux grandes questions de la psychologie : Où est l'esprit ? La conscience survit-elle à la mort cérébrale ? etc.

Les outils technologiques, de plus en plus performants et précis, ne font que creuser le fossé entre nos doutes et nos certitudes.

Au XXIe siècle, la psychologie devra coexister avec la technologie et la virtualité, comme le métavers et la réalité augmentée, ainsi qu'avec d'autres technologies et études psychologiques qui sont actuellement en phase expérimentale. Bien que, depuis les origines de la psychologie et de l'étude du comportement humain, des tentatives aient été faites pour progresser dans la compréhension de l'esprit humain, aucune école psychologique n'est aujourd'hui en mesure d'expliquer pourquoi il existe des comportements anormaux dans l'esprit humain.

Cela reste une énigme pour les scientifiques et les philosophes. Les psychologues, les philosophes et les écrivains continuent à analyser les différentes anomalies du comportement humain et de l'esprit humain, telles que les psychopathes, les narcissiques, les manipulateurs et les membres de la triade noire de la personnalité.

2.2 Comment fonctionne l'esprit des tueurs en série ?

Les tueurs en série constituent l'un des phénomènes les plus passionnants pour les spécialistes de l'esprit humain. Bien que la psychiatrie légale ait mené des recherches sur le fonctionnement mental de ces individus, les causes de leur pathologie mentale n'ont pas encore été déterminées. Les psychologues et les psychiatres pensent que le but fondamental des psychopathes et des tueurs en série est l'attention et le contrôle des autres. L'objectif principal de ces individus est la manipulation totale des autres.

On prétend que les tueurs en série et les psychopathes n'éprouvent aucun sentiment, mais ce n'est pas vrai : ce qui n'existe pas dans l'esprit de ces personnes, c'est l'empathie pour les sentiments d'autrui : ils ne s'intéressent qu'à leurs propres sentiments. Le fait que ces personnalités sombres ont conscience de leurs actes est un sujet qui préoccupe les psychologues et les psychiatres depuis des années. En effet, le tueur en série, même s'il est qualifié de « psychopathe fou », sait très bien ce qu'il fait et pourquoi il le fait.

Le psychopathe ne vit pas dans un monde de délires et de fantasmes : au contraire, il sait exactement ce qu'il veut de ses victimes. Pour ces individus, il n'y a pas d'aliénation typique de la maladie mentale, mais toutes les pensées sont bien organisées pour parvenir à manipuler et à soumettre leurs victimes. Contrairement aux cas de pathologies mentales comme la schizophrénie, où les patients peuvent dire qu'ils entendent des voix ou qu'une présence leur a ordonné de commettre des actes lors d'épisodes psychotiques, le psychopathe, intégré ou non, agit suivant la raison, même si cela peut sembler fou et immoral pour le reste des êtres humains.

La plupart des tueurs en série ont déclaré lors de leur procès que, même si leurs crimes sont d'une atrocité et d'une cruauté extrêmes, dans leur esprit, ils font partie d'un plan qu'ils ont élaboré en fonction des besoins qu'ils ressentaient à ce moment-là : ces besoins peuvent être d'ordre économique, sexuel, professionnel ou simplement liés à l'ennui.

La personnalité d'un psychopathe est toujours attrayante et sympathique. Il est normal qu'il cherche à se faire aimer et à gagner la confiance de sa victime en se montrant amical, cordial, charismatique, séduisant et toujours à l'écoute. Mais comme nous l'avons dit tout au long de ce livre, ce n'est qu'une autre forme de manipulation psychologique.

Le test de psychopathie du Dr Robert Hare est devenu une référence pour pouvoir placer un individu sur l'échelle de psychopathie qu'il a mise au point. Plus le score d'une personne est élevé, plus elle est susceptible d'être un psychopathe.

Test de psychopathie du Dr Hare :
https://www.idrlabs.com/fr/psychopathy/test.php

Notez de 1 à 3 les affirmations suivantes. Choisissez 1 si l'affirmation ne vous correspond pas du tout, 2 si vous ne savez pas ou si elle ne vous correspond pas totalement et 3, si l'affirmation vous correspond parfaitement.

1. J'ai le sentiment d'être une personne charmante envers les autres.

2. Je pense que je vaux plus que les autres.

3. J'ai tendance à m'ennuyer, j'ai besoin d'une stimulation constante.

4. C'est plus fort que moi, je mens à de nombreuses reprises, de manière constante et même pathologique.

5. Je ressens un certain bien-être lorsque je suis le chef et que je dirige les autres.

6. Je ne ressens généralement ni culpabilité, ni remords.

7. Lorsque je ressens une émotion, elle n'est généralement pas très profonde.

8. Je pense que je peux être très insensible et qu'il m'est difficile de faire preuve d'empathie à l'égard des autres.

9. J'ai du mal à l'admettre, mais j'ai tendance à interagir avec les autres pour en tirer un certain bénéfice.

10. Lorsque je suis nerveux, j'ai du mal à me contrôler et je peux exploser à tout moment.

11. Je considère que mon comportement sexuel est assez libertin.

12. J'ai du mal à contrôler mes impulsions.

13. J'ai l'impression de ne pas avoir d'objectifs réalistes à long terme.

14. Je me considère comme une personne qui agit sans réfléchir aux conséquences de mes actes.

15. J'ai du mal à assumer des responsabilités extérieures.

16. Je me sens incapable d'assumer la responsabilité de mes actes.

17. Mes relations amoureuses ont été relativement brèves.

18. Lorsque j'étais plus jeune, j'étais un petit délinquant.

19. J'ai abusé de drogues ou d'alcool à un moment de ma vie.

20. J'ai déjà eu des comportements criminels d'un autre genre.

2.3 Profils de tueurs célèbres

La personnalité des psychopathes et des tueurs en série fascine de nombreuses personnes en raison de la cruauté et de l'atrocité avec lesquelles ils ont commis leurs actes. Nombreux sont ceux qui se demandent ce qui peut les différencier, eux, des personnes ordinaires, s'ils comparent leur profil à celui des psychopathes et des tueurs en série les plus connus de l'histoire.

Jack l'Éventreur

À Londres, pendant l'ère victorienne, un mystérieux meurtrier est devenu célèbre pour avoir tué des prostituées en série dans le quartier de Whitechapel, à l'est de la capitale britannique. Plus de 130 ans après les faits, on ne sait toujours rien du véritable auteur de ces crimes, qui a été surnommé Jack l'Éventreur. La seule certitude concernant Jack l'Éventreur est qu'il est impliqué dans ces onze crimes, qui sont entrés dans l'histoire sous le nom de « crimes de Whitechapel ». Cependant, les chercheurs et les écrivains qui ont écrit sur ces crimes ne s'accordent que sur le fait que cinq d'entre eux sont les siens : Mary Ann Nichols, Annie Chapman, Elizabeth Stride, Catherine Eddowes et Mary Jane Kelly. Elles étaient toutes des prostituées, et le seul lien qui les unissaient était la manière dont elles ont trouvé la mort.

Ed Gein, le boucher de Plainfield

Ce tueur en série est l'un des plus troublants de tous. Son comportement brutal et grotesque a inspiré le film « Psycho », ainsi que « American Psycho » et « Le silence des agneaux ». Un jour, dans une petite ville du Wisconsin, un homme mystérieux est apparu et a bouleversé la vie paisible des habitants. Lorsque la police a ouvert une enquête à la suite de signalements de personnes disparues, elle est tombée sur une ferme où elle a fait une découverte macabre. Au rez-de-chaussée de la propriété se trouvaient divers objets fabriqués à partir de peau humaine et de restes de crânes. Certains crânes servaient même de lampes. Il paraîtrait qu'Ed Gein pratiquait la nécrophilie avec les cadavres des femmes qu'il assassinait, mais cela n'a jamais été prouvé officiellement. Dans le profil médico-légal de ce tueur, il est écrit qu'il avait une relation de complexe d'Œdipe avec sa mère. À l'issu de son procès, Ed Gein a été placé dans un asile psychiatrique où il est mort le 26 juillet 1984.

John Wayne Gacy, le Clown tueur

Les clowns sont des personnages qui apparaissent souvent dans les films d'horreur. Le fait de les associer au mal tire son origine des crimes commis par John Wayne Gacy. Ce tueur en série est né en 1942 à Chicago. Les mauvais traitements infligés par son père alcoolique, qui l'humiliait et le battait lorsqu'il rentrait ivre à la maison, l'ont traumatisé au point d'en faire un assassin. Bien qu'il se soit marié lorsqu'il avait une vingtaine d'années, sa carrière criminelle a commencé par l'agression de deux garçons mineurs. Il a été condamné à dix ans de prison, mais après seulement seize mois, il a été libéré sur parole pour bonne conduite.

Employé dans une chaîne de restauration rapide, il gagne rapidement la sympathie des habitants de son village, animant parfois des fêtes d'enfants déguisé en clown, sorte d'alter ego qu'il baptise Pogo. Fin 1978, la police perquisitionne la maison de « Pogo le Clown tueur », alias Gacy, et ce qu'elle y trouve est abominable. Dans son jardin, il a enterré une partie des corps de 33 jeunes hommes âgés de 15 à 21 ans, et le reste a été enterré sur les rives de la rivière Des Plaines.

Bien qu'il ait affirmé au cours du procès qu'il souffrait d'un trouble de la personnalité schizoïde et que c'était « Pogo le Clown » qui l'avait poussé à commettre ces crimes odieux, le jury ne l'a pas cru et il a été condamné à la peine de mort. John Wayne Gacy, alias « Pogo le Clown tueur », est mort par injection létale en 1994.

Ted Bundy

Ted Bundy est l'un des tueurs en série les plus charmants, qui a appliqué toutes les techniques des manipulateurs, des narcissiques, des machiavéliques et des personnalités de la triade noire. Theodore Robert Cowell, de son vrai nom, est né à

Burlington, dans le Vermont. C'est un brillant étudiant en droit et en psychologie. Son physique avantageux, son caractère et son charisme l'ont rendu très populaire, surtout auprès des femmes. Il était l'homme parfait que toutes les filles rêvaient d'avoir. Selon les experts, la rupture avec l'une de ses petites amies, Stéphanie Brooks, pourrait avoir été l'un des éléments déclencheurs du déséquilibre de Ted.

Après avoir fait ses adieux à son ex-petite amie, Stéphanie, Ted Bundy a entamé une carrière sanglante qui l'a conduit à être reconnu comme l'un des tueurs en série les plus vicieux de l'histoire moderne. En 1974, Bundy a débuté son palmarès criminel en attaquant une femme nommée Joni Lenz avec une barre de fer, puis en abusant d'elle sexuellement.

Bundy se faisait passer pour un homme ayant un bras en bandoulière pour demander à des jeunes femmes, généralement brunes, de l'aider à dépanner sa voiture, puis les kidnappait, les violait et les assassinait. Plus tard, il se mit à porter un uniforme de policier pour mieux convaincre ses victimes. Mais en 1975, ce changement de mode opératoire a conduit une véritable patrouille de police à l'attraper, grâce à des éléments issus des investigations médico-légales qui le désignaient comme le principal suspect.

Après avoir avoué le meurtre de 30 femmes, Bundy a été jugé. En 1976, il a été condamné à quinze ans de prison pour ses crimes, mais il a réussi à s'évader. Après sa capture, il s'est à nouveau évadé deux fois, en 1977, mais il a été rattrapé par la police. Après un long procès, Bundy a finalement été condamné à mort. Il a été exécuté sur la chaise électrique en 1989.

Jeffrey Dahmer

Connu sous le nom de « Boucher de Milwaukee », Jeffrey Dahmer a récemment gagné en popularité grâce à une mini-série diffusée sur Netflix qui relate ses crimes. Né à Milwaukee en 1960, Dahmer a d'abord montré un grand amour pour les animaux. Alors que ses parents se disputaient et que leur relation se dégradait, le jeune Jeffrey se réfugiait dans les bois, ce qui ne faisait qu'empirer son introversion. Au fil du temps, son comportement devint obscur et inquiétant : Jeffrey se mit à collectionner des animaux morts pour les disséquer.

En grandissant, Dahmer a commencé à être attiré par d'autres jeunes hommes. Il fantasmait sur le sexe brutal, mais ses désirs tordus s'accompagnaient également de pulsions nécrophiles. Pour y échapper, ainsi qu'aux disputes constantes de ses parents, il s'est mis à boire de manière compulsive.

Les pulsions nécrophiles et homosexuelles de Dahmer l'ont amené à rechercher ses victimes dans des bars gays populaires. C'est là qu'il les rencontrait, puis les emmenait dans son appartement, où il les assassinait sans pitié. Après avoir été découpés, les corps étaient placés dans le réfrigérateur. L'odeur nauséabonde de la chair en décomposition attirait l'attention des voisins. Son mode opératoire avec ses victimes était centré sur ses motivations homosexuelles. Après les avoir draguées dans des bars, il les emmenait chez lui et leur donnait de l'argent pour qu'elles servent de modèles érotiques.

Les hommes tués par Dahmer sont les suivants : Richard Guerrero, James Doxtator, Anthony Sears, Raymond Smith, Edward Smith, Ernest Miller, David Thomas, Curtis Straughter, Errol Lindsey, Konerak Sinthasomphone, Tony Hughes, Oliver Lacy, Matt Turner et Joseph Bradehoft.

En 1991, Dahmer rencontre un jeune afro-américain, Tracy Edwards, à qui il propose 100 dollars pour qu'il pose pour lui. Par chance, le jeune homme réussit à s'échapper et à trouver une patrouille de police à qui il indique l'endroit où Dahmer emmène ses victimes pour les tuer. Sur place, l'un des policiers a remarqué l'odeur nauséabonde, ainsi que des photographies de corps démembrés. C'est ainsi que Jeffrey Dahmer, le « Boucher de Milwaukee », a finalement été arrêté après avoir tué onze hommes.

Au cours du procès, Dahmer a admis des actes nécrophiles et des pratiques cannibales sur les hommes qu'il a tués. Après avoir été jugé pour près de quinze crimes, il a été condamné à une peine de prison à perpétuité pour chacun d'eux. Nous sommes en 1992. Deux ans plus tard, au cours d'une bagarre intra-muros avec un autre détenu, Jesse Anderson, ce dernier le blesse à la tête avec une barre de métal. Anderson a déclaré avoir eu connaissance des crimes odieux de Dahmer par la presse et voulu faire justice lui-même, obéissant à la volonté de Dieu. Dahmer est décédé peu de temps après, des suites de ses blessures.

2.4 Politiciens manipulateurs : Hitler, Staline, Mao, Fidel Castro, etc.

La politique est une autre activité qui convient parfaitement aux psychopathes, aux manipulateurs et aux membres de la triade noire. Grâce à l'utilisation de ressources verbales, gestuelles et symboliques, plusieurs psychopathes sont arrivés au pouvoir par la manipulation et le mensonge. La communication par le biais des médias est très importante dans la politique et les campagnes électorales, ainsi que dans l'exercice du pouvoir par le gouvernement. La manipulation est nécessaire pour convaincre les électeurs. Elle est inscrite dans le patrimoine génétique des êtres humains. Les jeunes enfants l'apprennent rapidement : en pleurant, en donnant des coups de pied ou en attirant l'attention de leur mère, ils obtiennent ce qu'ils veulent, que ce soit de la nourriture, de la protection ou simplement de l'attention.

Le destinataire du message de l'homme politique doit être soumis, docile et sans défense. Pour les électeurs, il est plus facile de croire au messianisme politique que d'utiliser leur esprit critique. C'est pourquoi de nombreuses personnes soutiennent la démagogie populiste, qui offre la protection de l'État aux classes les plus vulnérables et les plus défavorisées.

Le leader politique doit faire preuve d'altruisme et s'identifier aux gens ordinaires. Pour cela, il doit faire croire à l'électeur qu'il a besoin de lui pour l'aider à mener sa vie. Il y a une identification aux objectifs de l'électeur, une notion de sacrifice par lequel, dit-il, il n'obtiendra que des satisfactions spirituelles et morales, ou bien travaillera pour le bien de la patrie.

Les grands manipulateurs politiques utilisent souvent le statut de victime pour gagner la sympathie des électeurs. Ils prétendent lutter contre les ennemis politiques qui cherchent à nuire à la population. À cet effet, des thèmes tels que les sociétés secrètes, l'opposition, l'ingérence des gouvernements étrangers, prennent la forme de l'ennemi.

Parmi les grands manipulateurs de l'histoire, on peut citer :

Adolf Hitler

Lors de ses discours à Munich, il a affirmé que les Juifs et les communistes conduiraient l'Allemagne à la faillite, elle qui était déjà appauvrie après le pacte de Versailles. En jouant la carte de la victime persécutée puis emprisonnée pour avoir tenté un coup d'État, il s'est attiré la sympathie de l'aile conservatrice, qui en avait assez des politiques de gauche. À sa sortie de prison, où il écrit son livre le plus célèbre, « Mein Kampf », il s'allie avec Paul von Hindenburg, figure de proue de la politique allemande, qui lui apporte son soutien total. En 1933, Hitler réussit à s'emparer du pouvoir en tant que chancelier du Reich allemand. Six ans plus tard, il déclenche l'une des guerres les plus sanglantes de l'histoire, faisant des millions de morts.

Fidel Castro Rus

Fidel Castro a également réussi à s'emparer du pouvoir grâce à la manipulation et à ses compétences verbales et symboliques. Il a réussi à intégrer un groupe de rebelles contre le gouvernement de Fulgencio Batista. On le décrit comme un homme doté d'un grand charisme, d'une grande capacité verbale et d'un grand sens du commandement, ce qui l'a conduit à la tête du gouvernement qui a renversé le dictateur cubain. Cependant, ses méthodes d'administration de la justice, ainsi que les caractéristiques du modèle dictatorial communiste, ont fait de Fidel Castro l'un des tyrans de gauche les plus inflexibles de l'histoire, puisqu'il est resté au pouvoir de 1959 jusqu'à sa mort en 2016.

Josef Staline

Il a été le chef de l'État soviétique, tout d'abord en tant que secrétaire général du comité central du parti communiste de l'Union soviétique de 1922 à 1952, puis en tant que président du Conseil des ministres de l'Union soviétique de 1941 jusqu'à sa mort, en 1953. Comme la plupart des dirigeants politiques, ses multiples facettes font de lui un personnage hétéroclite. Dirigeant d'une main de fer sa nation, il a réussi à en faire l'une des plus grosses puissances militaires et nucléaires du monde après la Seconde Guerre mondiale. Cependant, en termes de libertés individuelles et de croissance économique par habitant, son pays est toujours resté bien loin derrière les autres puissances occidentales. Il était très fort pour gérer son image, affichant un culte constant de la personnalité et utilisant tous les éléments à sa disposition pour exercer le pouvoir d'une main de fer, allant même jusqu'à exécuter des membres de son cercle rapproché pour atteindre ses objectifs. Parmi ses principaux crimes figurent la purge qu'il a menée au sein du parti dans les années 1930, ainsi que l'holocauste contre le peuple ukrainien, également connu sous le nom d'Holodomor, où près de 12 millions de personnes sont mortes de faim.

Mao Tse Tung

Il a été l'un des responsables de la consolidation de la Chine en tant que puissance industrielle, fondant, par ses politiques et son idéologie, la structure de la République populaire de Chine. Devenu l'un des principaux philosophes de la résurgence de la Chine comme l'un des principaux pays du monde, Mao a réussi l'exploit d'être à la tête de la nation la plus peuplée du monde. Cependant, la nécessité d'y parvenir ne l'a pas conduit à avoir de la compassion pour les besoins de la population, ce qui a entraîné la famine de millions de paysans. En effet, ces derniers ont dû remettre leurs outils de travail aux membres du parti, qui avaient pour ordre de maintenir les statistiques d'industrialisation d'une puissance sidérurgique et minérale.

2.5 Comment le profileur comprend la manipulation psychologique

La psychiatrie moderne s'est penchée sur la question des psychopathes intégrés et non intégrés afin de comprendre les motivations profondes de ces sujets sombres. L'une des questions les plus complexes est peut-être de savoir quels sont les véritables motifs qui poussent les individus de la triade noire, les psychopathes et les narcissiques à manipuler quelqu'un. Lorsqu'un spécialiste définit le profil d'une personne, il lui est parfois difficile de la classer dans l'une des catégories existantes : narcissique, psychopathe intégré ou non intégré, manipulateur, personnalité schizoïde, etc.

Il n'existe pas de règles spécifiques à ce sujet. C'est l'expérience professionnelle qui permettra au psychiatre de catégoriser les individus d'après leur profil. D'après Robert Hare, expert psychologue clinicien et psychiatre judiciaire, il arrive que certains individus fassent semblant de ne pas être des psychopathes, mais il existe des traits de la personnalité formels qui font que lorsqu'un expert est confronté à un tel individu, il n'hésite pas à le classer dans la catégorie des psychopathes.

Bien que chaque manipulateur et psychopathe ait des motivations différentes, la principale chose que désire l'une de ces sombres personnalités est de prendre le contrôle afin de satisfaire un désir qui le pousse dans la direction de sa victime à ce moment précis. Les compétences verbales, ainsi que la capacité de communiquer de façon non verbale, font partie des talents du manipulateur. Il n'aura aucune difficulté à adapter son langage pour suivre un scénario préétabli.

Le manipulateur changera toujours la version des faits pour justifier son attitude, même si elle est injustifiable, il dira qu'il l'a fait pour faire du bien à sa victime. Il niera toujours ce qu'il a fait. Le cynisme est une qualité essentielle pour profiler une telle personne. Tout manipulateur émotionnel agit dans le but de satisfaire son ego, son narcissisme pathologique et son besoin de contrôler et d'avoir du pouvoir sur chacun des gestes de sa victime.

La clé du profilage du manipulateur réside dans les différentes techniques de persuasion utilisées par le prédateur, dans la manière dont il les utilise pour obtenir ce qu'il veut de sa victime. Selon un modèle créé par le psychologue Hans Eysenck, modèle connu en psychologie sous le nom de P-E-N, les manipulateurs, les narcissiques et les psychopathes pourraient utiliser différents traits de personnalité pour influencer d'autres personnes.

Pour établir le profil de la personnalité d'un manipulateur ou de tout autre membre de la triade noire, il faut partir d'un ensemble de coordonnées qui, dans la théorie d'Eysenck, seraient représentées par un cube tridimensionnel dans lequel se trouveraient les caractéristiques individuelles suivantes :

- **P**sychoticisme/Empathie : se réfère au niveau de peur, d'empathie, de créativité, ainsi qu'au niveau de réflexion à propos d'une situation donnée.

- **E**xtraversion/Introversion : suppression de la sociabilité et de l'impulsivité, et à quel point cela se reflète sur le caractère de la personnalité.

- **N**euroticisme/Stabilité émotionnelle : il s'agit du niveau d'inquiétude ou d'absence d'inquiétude, de sécurité ou d'absence de sécurité de l'individu, de son niveau d'anxiété, etc.

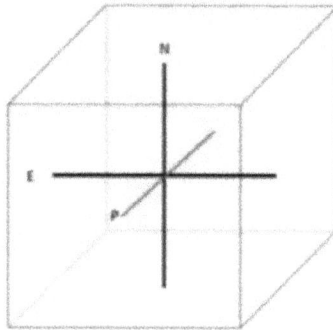

Modèle des dimensions de la personnalité d'Eysenck

Selon le modèle d'Eysenck, les dimensions de base sont représentées dans le cube de la manière suivante : (P) Psychoticisme, (E) Extraversion, et (N) Neuroticisme. Tout individu peut être placé sur le cube en fonction de son niveau de psychoticisme, extraversion et neuroticisme. Les valeurs directionnelles à l'intérieur du cube peuvent varier ; elles ne seront jamais absolues, mais connaîtront différentes variations.

P

Impulsivité - agressivité - hostilité - froideur - égocentrisme - forte empathie - cruauté - créativité - manque de conformité - force mentale

E

Sociabilité - activité - assurance - nonchalance - dominance - recherche de sensations (socialisé) - audace - spontanéité - rapidité

N

Tristesse - dépression - timidité - anxiété - tension - peur - culpabilité - irrationalité - embarras - humeur - émotivité - inquiétude

2.6 Les 10 principales techniques de manipulation prédatrice

Afin de contrôler les émotions des autres, les personnalités manipulatrices appliquent différents types de techniques efficaces. Les chercheurs ont identifié une grande variété de techniques de manipulation, nous en avons sélectionné dix, qui constituent une sorte de condensé de la manipulation prédatrice :

1. La projection

Les manipulateurs utilisent beaucoup cette technique car elle est presque toujours très efficace. En résumé, la projection consiste, comme son nom l'indique, à contrer toute forme d'accusation en la projetant sur l'autre. Lorsqu'une personne est infidèle, par exemple, et que son/sa partenaire l'accuse avec des preuves, le manipulateur aura recours à cette technique en affirmant qu'il n'est pas coupable de ce dont on l'accuse et en accusant à son tour l'autre personne, dans le but de se sortir d'affaire : « Tu n'es pas mieux. J'ai bien vu la manière dont tu souriais à X, lors de la fête d'anniversaire de notre fille. »

2. Le renforcement positif

Cette technique consiste à employer un stimulus positif, une sorte de récompense, pour tenter de gagner l'affection de sa victime. Par exemple, le manipulateur peut flatter une femme qu'il veut conquérir, lui dire qu'elle est belle, que les vêtements qu'elle a achetés lui vont à ravir, qu'elle a une belle voix, lui envoyer des emojis ou des chansons romantiques pour renforcer le lien de dépendance positif qui les unit. Dans tous les cas, si les choses ne se passent pas comme il le souhaite, le manipulateur appliquera la technique opposée : au lieu de donner une récompense, il donnera une punition.

3. Le renforcement négatif

Si les choses ne se déroulent pas comme le manipulateur l'a prévu, il emploiera un renforcement négatif. En résumé, cette technique consiste à montrer de l'indifférence envers sa victime ou à la « ghoster » en ignorant ses messages, ses appels ou ses tentatives pour reprendre contact. Cette technique est employée lorsque le manipulateur considère que la victime n'a pas fait ce qu'il fallait, c'est-à-dire qu'elle a cessé de lui donner le contrôle ou de faire ce qu'il lui disait de faire.

4. La conflictualité

Se disputer et se battre de manière absurde et pour n'importe quoi est une excellente technique pour détourner l'attention et ainsi reprendre le contrôle lorsque l'on a l'impression de ne plus maîtriser la situation. La dispute peut survenir à n'importe quel instant et à propos d'une situation qui n'est pas directement liée à l'objet du mécontentement. Par exemple, la couleur d'un vêtement peut déclencher une dispute au cours de laquelle le manipulateur en viendra à critiquer l'attitude arrogante ou le statut social de la famille de sa partenaire, choses qui n'ont rien à voir avec le motif initial du conflit. Cela permet au manipulateur de reprendre le contrôle car une fois que la victime cède ou reconnait s'être trompée, elle cherchera à se réconcilier avec le manipulateur.

5. Le *gaslighting*

Il s'agit d'une des techniques habituelles des manipulateurs, des narcissiques et des personnalités de la triade noire. Elle s'inspire d'un film des années 1940, dans lequel le protagoniste faisait douter sa partenaire en modifiant le robinet de gaz pour que la lumière se tamise ou s'intensifie, modifiant ainsi la perception de la réalité qu'elle avait à ce moment-là. Ainsi, la technique du *gaslighting* fait douter la victime de la certitude des faits, et donc de sa mémoire et de sa santé mentale de manière générale. Par exemple, lorsque la victime lui dira qu'ils étaient tel jour à tel endroit, le manipulateur pourra lui répondre qu'ils n'étaient pas là, et qu'ils n'ont d'ailleurs jamais été là. Si elle avait bu quelques bières, il peut dire à la victime qu'elle était sous l'influence de l'alcool, ce qui est la raison pour laquelle elle déforme la réalité. Il n'hésitera pas à supprimer ou à ajouter des éléments ou des personnes pour confirmer ses propos.

6. La destruction de l'estime de soi

Une autre technique des manipulateurs consiste à détruire l'estime de soi de leur victime. L'estime de soi est l'un des principaux mécanismes de valorisation et d'identification de l'esprit et de l'ego. Pour les manipulateurs, il est essentiel de saper l'estime de soi, de miner les capacités et les forces de leur victime, afin de prendre le contrôle de celle-ci au fur et à mesure qu'elle perd l'estime d'elle-même.

7. Le mensonge compulsif

Le mensonge compulsif est l'une des caractéristiques des personnalités de la triade noire, parmi lesquelles se trouvent les manipulateurs. Tout le monde a déjà menti, d'une manière ou d'une autre, à un moment de sa vie. Cependant, dans le cas des manipulateurs, ce qui rend le mensonge si toxique est la taille du mensonge et ses conséquences. Les gens ordinaires, après avoir menti, admettent généralement qu'ils l'ont fait et s'excusent par acquis de conscience. Pour le manipulateur et les autres personnalités de la triade noire, en revanche, ce n'est qu'une manière de prendre le contrôle sur leurs victimes. Ainsi, peu importe le type de mensonge et ses conséquences, ils n'auront aucun scrupule à mentir de manière compulsive. Les mensonges du manipulateur peuvent être relatifs ou absolus, c'est-à-dire qu'il peut mentir sur tout ce qu'il dit, ou ne mentir que sur certaines parties de son histoire afin d'obtenir ce qu'il veut.

8. La culpabilité et les menaces

Le manipulateur contrôle les sentiments de sa victime par la menace ou par l'autoflagellation, c'est-à-dire en la culpabilisant. Ce sont deux façons d'utiliser la peur ou l'empathie de sa victime à son avantage. La culpabilité amène la victime à se sentir vulnérable et à percevoir qu'elle a mal agi. Elle se livre alors au manipulateur parce qu'elle pense lui devoir quelque chose à cause d'un soi-disant affront qu'elle n'a pas commis. Dans certains cas, le fait de se défendre contre les abus du manipulateur amène ce dernier à lui faire des reproches, au point qu'elle en arrive à ressentir de la culpabilité.

Les menaces, quant à elles, constituent un autre mécanisme puissant pour contraindre la victime. Le manipulateur a généralement une piètre estime de lui-même et il se sent attaqué lorsque l'on mentionne ses insécurités. C'est pourquoi il peut rapidement utiliser la menace comme mécanisme de défense pour prendre le contrôle de sa victime. Lorsque la victime refuse de faire ce que le manipulateur exige, ce dernier la menace de dire ou de faire quelque chose, de la frapper ou d'employer tout autre moyen susceptible de lui faire peur, afin de l'amener à céder à ses exigences. Fondamentalement, ce que le manipulateur cherche à faire en utilisant la menace, c'est retirer à la victime le droit de s'exprimer, de décider et de choisir.

9. La loi de la glace

Cette technique pourrait également s'appeler la loi du silence, étant donné que le manipulateur utilise la distance, l'indifférence et le manque d'attention comme une forme de punition pour sa victime, lorsqu'il considère qu'elle a transgressé les règles de contrôle qu'il lui impose. Le manipulateur ne reconnaît pas l'autre comme un individu en tant que tel, c'est-à-dire qu'il cesse d'exister et, par conséquent, il ne lui parle pas, l'ignore, et ne le prend pas en considération. Grâce à la loi de la glace, le manipulateur parvient à faire en sorte que la victime cherche à regagner son attention, qu'elle s'excuse et qu'elle cède à ses volontés, ce qui permet au manipulateur de reprendre le contrôle sur sa vie.

10. Le contrôle mental

Pour le manipulateur, contrôler sa victime est une forme de pouvoir. C'est pourquoi, au moindre signe de rébellion de sa part, il créera un conflit, une bagarre ou une dispute, afin de reprendre le contrôle par tous les moyens. Le contrôle mental est une tactique très efficace pour le manipulateur. Il peut l'exercer de différentes manières, comme, par exemple, contrôler l'argent, le temps ou les lieux fréquentés par sa victime. Au niveau professionnel, il peut modifier l'emploi du temps du travailleur, le sanctionner ou lui retirer des heures de travail, lorsque celui-ci ne fait pas ce qu'il veut. Au niveau social, il peut cesser d'inclure sa victime dans des événements, des réunions ou des fêtes, lorsqu'il considère qu'elle n'a pas fait ce qu'elle devait, c'est-à-dire céder corps et âme à son emprise.

Étant donné que les personnalités de la triade noire, les machiavéliques, les narcissiques et les psychopathes, ont tendance à utiliser ces techniques de manière répétée et selon un schéma clairement établi, les psychologues et les psychiatres ont réussi à les détecter. Il est essentiel de divulguer quels sont les principaux éléments permettant de savoir si quelqu'un est contrôlé par l'une de ces personnalités sombres. Ce sujet nous amène précisément au chapitre suivant, où nous verrons ce qu'est la manipulation mentale, comment elle se produit, et quelle est la meilleure stratégie pour l'éviter.

CHAPITRE 3 : STRATÉGIES POUR CONTRER LA MANIPULATION MENTALE

3.1 Les 10 principales techniques de manipulation mentale

Les manipulateurs et les personnalités de la triade noire maîtrisent parfaitement les techniques pour exercer un contrôle mental sur leurs victimes. Grâce à des techniques dérivées de la PNL, les manipulateurs pénètrent littéralement dans l'esprit de leurs victimes, les contrôlent et en tirent ce qu'ils veulent. Connaitre les dix techniques les plus utilisées par ces individus vous permettra de contrer la manipulation mentale si un jour vous en êtes la cible.

1. Faire preuve de fausse sympathie

La fausse sympathie est l'une des techniques maîtresses des manipulateurs pour prendre le contrôle mental de leur victime. Sourire constamment et afficher un visage amical est, pour le cerveau humain, essentiel pour montrer des traits d'empathie. C'est pourquoi le manipulateur se présentera comme une personne particulièrement sympathique et agréable. Il pourra faire preuve d'humour, parfois même d'humour noir, afin de gagner la confiance de sa victime potentielle. Notre esprit est beaucoup plus empathique face à des personnes souriantes et qui utilisent un langage corporel amical, qu'il soit verbal ou non. C'est pour cette raison qu'une personne sympathique, qui sourit et fait preuve d'amabilité est plus agréable, plus attirante et inspire plus facilement confiance aux yeux des autres. Pour contrer cette stratégie, faites preuve de la même sympathie à l'égard d'une personne manipulatrice ou que vous soupçonnez de l'être. Faites-le même si vous ne la supportez pas, cela contrebalancera ses intentions à votre égard.

2. Consacrer du temps au manipulateur

Lorsque quelqu'un nous consacre du temps, cela nous fait nous sentir spéciaux, intérieurement nous avons le sentiment d'être différents des autres. C'est pourquoi les manipulateurs utilisent beaucoup cette technique. En s'intéressant à tout ce qui touche à la vie d'une personne, ses doutes, ses problèmes, ses désirs, ses rêves, ses déceptions, etc., cela crée une sympathie immédiate envers cette personne qui s'intéresse à l'autre de manière authentique et sans rien demander en retour. La technique consistant à passer du temps avec la victime incite cette dernière à accorder toute sa confiance à la personne qui s'intéresse à elle, sans éveiller ses soupçons. Faites de même, intéressez-vous à la personne que vous croyez ou soupçonnez d'être un manipulateur et qui vous prend pour cible.

3. Utiliser la séduction à votre avantage

Le terme de séduction est généralement utilisé pour désigner un intérêt sexuel ou affectueux. Cependant, il peut être utilisé pour de nombreux types de situations et de contextes, tels que le travail ou la vie sociale. Comme le font les meilleurs manipulateurs, habillez-vous bien, soignez votre vocabulaire, soyez expressif, flatteur, et adoptez une posture corporelle charismatique. Évitez surtout de vous montrer fragile ou faible face au manipulateur :

l'estime de soi et la confiance en soi sont des éléments qui désarment les personnes manipulatrices.

4. Être attentif et perspicace

Utiliser cette technique sur le manipulateur peut l'amener à être vulnérable avec vous et à montrer son côté fragile. Analysez chaque mot et chaque geste de votre manipulateur potentiel. Lorsque vous soupçonnez que vous êtes face à un manipulateur, utilisez chaque élément pour analyser sa réaction et anticiper ce qu'il pourrait faire. Prendre de l'avance sur un manipulateur en devinant ce qu'il va faire est une excellente manière de le désarmer.

5. Faire preuve de sang froid

Le trait caractéristique du manipulateur est le sang-froid, ce qui signifie que vous devez toujours rester concentré sur votre protection et faire attention à ne pas dévoiler vos cartes. Si vous êtes trop empathique ou trop gentil, vous ne serez qu'un agneau pour le loup. Soyez direct et gardez votre sang froid, afin que le manipulateur sache que vous n'entrez pas dans son jeu. N'ayez pas peur de vous donner à fond pour vous défendre en utilisant les mêmes outils que le manipulateur.

6. Mentir sans aucun scrupule

Comme nous l'avons dit, le mensonge est l'un des principaux traits du manipulateur. Il n'aura aucun problème à mentir pour que vous continuiez à lui donner ce qu'il veut. Si vous jouez au même jeu que lui, c'est-à-dire si vous cessez d'être honnête et innocent, cela peut se retourner contre lui. Le mensonge peut être utilisé comme un bouclier, comme une arme pour vous défendre contre les mensonges que le manipulateur vous raconte. Si le manipulateur insinue ou découvre que vous lui avez menti, niez-le, cela le déconcertera.

7. Exagérer vos faits et gestes

L'une des armes les plus utilisées par le manipulateur consiste à exagérer ses faits et gestes. Il peut dire qu'il était le meilleur élève de sa classe, alors qu'en réalité ses notes étaient médiocres. De même, il peut affirmer qu'il a visité plusieurs pays du monde, alors qu'il n'a jamais mis un pied hors de sa ville natale. Il faut exagérer vos faits et gestes encore plus que lui pour le remettre à sa place. En effet, il n'y a rien de pire pour un manipulateur que de se retrouver face à une victime qui essaie d'être plus mégalomane que lui.

8. Exposer les défauts du manipulateur

Le contraire de la flatterie est la critique. Si vous commencez à mettre l'accent sur les défauts et les erreurs de l'autre, c'est-à-dire de votre manipulateur potentiel, il n'aura aucun moyen de se défendre, car vous exposez l'une de ses plus grandes faiblesses : la fragilité de son ego. En critiquant le manipulateur et en pointant du doigt ses défauts, vous vous placez au-dessus de lui, ce qui vous rend plus puissant. Il y réfléchira à deux fois et abandonnera ses tentatives de manipulation, ou au contraire, redoublera d'efforts pour vous avoir. Dans tous les cas, vous ne devez pas céder à la pression exercée par le manipulateur.

9. Dire ce que le manipulateur veut entendre

« Vous êtes une personne merveilleuse et très intelligente. » C'est ce genre de compliments que le manipulateur veut entendre de votre part. Si vous utilisez cet appât pour capturer le manipulateur, vous aurez un avantage stratégique. Il pensera que vous êtes sous son charme. Ainsi, si vous jouez le même jeu que le manipulateur, vous êtes assuré de le convaincre que vous tombez dans son piège, alors que la réalité est toute autre. Plus vous gonflerez l'ego du manipulateur en le couvrant d'adjectifs flatteurs, plus il croira que vous tombez dans son piège.

10. Écouter les désirs du manipulateur

Si vous êtes disposé à écouter le manipulateur et ses désirs, vous pouvez découvrir ce qu'il pense et ce qu'il attend de vous. En général, ces personnes se trahissent souvent en disant ou en avouant ce qu'elles attendent de vous, sans vous le dire explicitement. Si, par exemple, ils vous disent que leur rêve est d'avoir quelque chose que vous avez ou quelque chose que vous avez vécu, vous pouvez alors en déduire quel type de projet il a pour vous. Si vous arrivez à lui faire avouer ses désirs, vous découvrirez la raison de l'intérêt qu'il vous porte.

Technique supplémentaire

11. Amener le manipulateur sur votre territoire

L'une des tactiques de contrôle les plus efficaces consiste à vous sortir de votre élément. Le manipulateur emmène généralement sa proie dans un endroit qu'il connait et où il se sent à l'aise car cela lui donne un sentiment de puissance et l'aide à prendre le contrôle. Si, en revanche, vous dites au manipulateur que vous ne pouvez pas vous rendre à un dîner de famille ou d'affaires à l'endroit qu'il a choisi et que vous le remplacez par un endroit que vous connaissez bien, où il y a des personnes de votre entourage qui savent qui vous êtes et qui le connaissent, vous aurez réussi à retirer l'arme des mains du manipulateur. Il ne se sentira pas en sécurité. Il trouvera probablement une excuse pour ne pas sortir de sa zone de contrôle et entrer dans la vôtre.

3.2 Comment savoir si je suis victime de manipulation mentale ?

Les manipulateurs sont souvent très subtils lorsqu'ils prennent le contrôle de l'esprit de leurs victimes. Au plus ils manipulent de personnes, au plus ces prédateurs émotionnels et psychologiques perfectionnent leurs techniques en vue de les utiliser ultérieurement contre leurs proies potentielles. Vous vous demandez peut-être si vous êtes victime d'un manipulateur mental, voici quelques indices pour vous aider à le savoir :

1. Vous parlez plus de vous que votre interlocuteur

Amener la victime à parler davantage d'elle-même est l'une des principales stratégies du manipulateur pour mieux connaître ses désirs, ses besoins, ses insécurités et ses illusions. Il s'agit souvent d'un jeu très subtil, car le manipulateur sait exactement ce qu'il doit faire pour prendre le contrôle. S'intéresser à la vie d'une personne peut être vu comme une technique de séduction, mais découvrir ce que sa proie a à révéler sur elle-même est ce qui intéresse vraiment le manipulateur. En partageant vos goûts, vos désirs, vos secrets, vos frustrations et vos espoirs avec le manipulateur, vous pourriez croire que quelqu'un s'intéresse enfin à vous de manière désintéressée. Il peut vous dire des choses telles que : « Tu peux tout me dire ». Mais en réalité, il prend note de tout ce que vous dites et l'utilise contre vous. Par conséquent, si vous parlez trop de votre vie à quelqu'un qui pourrait être un manipulateur potentiel, vous faites peut-être partie de ses proies.

2. Il rend très souvent service et de manière désintéressée

Dans la vie, il est souvent difficile d'obtenir de l'aide de manière désintéressée. Le manipulateur en est parfaitement conscient. Lorsque quelqu'un lui demande de l'aide, il sait que cela lui donne un gros avantage sur cette personne. Bien qu'aider les autres fasse partie de l'empathie et de la compassion qui nous ont permis de survivre à travers les étapes de l'évolution, pour le manipulateur, c'est l'occasion idéale d'obtenir un otage émotionnel. « Tu as besoin d'argent ? Ne t'inquiète pas, je t'aiderai ». « Pourquoi ne m'as-tu pas dit que tu en avais besoin ? C'est à ça que servent les amis ! ». Il s'agit peut-être de formules de politesse courantes pour les personnes vraiment empathiques et honnêtes, mais si vous remarquez que quelqu'un est toujours prêt à aider sans aucune forme de rétribution, méfiez-vous, car vous êtes peut-être victime d'un manipulateur.

3. Il vous menace ou vous prévient des conséquences si vous ne faites pas ce qu'il veut

La punition est un moyen efficace de contrôler quelqu'un qui enfreint les règles. Mais lorsqu'une personne décide de prendre une décision seule et que quelqu'un d'autre la menace ou lui conseille de « réfléchir à deux fois avant de le faire », elle est certainement victime d'un manipulateur. Ce que veulent ces personnalités sombres, c'est que vous perdiez le contrôle et que vous le leur cédiez. C'est pourquoi il est courant d'entendre un manipulateur menacer de révéler un secret que vous lui avez confié parce que vous avez pris la décision de vous éloigner de lui.

4. Ce sont des contrôleurs compulsifs

Les personnalités manipulatrices sont souvent très envahissantes, elles ont besoin de tout contrôler. Elles veulent tout savoir sur vous. Si vous sortez, par exemple, elles voudront savoir l'heure à laquelle vous allez rentrer, le lieu, les personnes qui vous accompagnent, l'argent que vous transportez et que vous comptez dépenser, etc. Elles donnent souvent l'impression d'être des agents des services secrets, car elles sont attentives à tout ce que vous faites : de l'itinéraire du vol que vous avez pris, aux heures d'ouverture de l'hôtel-restaurant que vous avez réservé, etc. Elles inspectent souvent les téléphones portables ou les ordinateurs de leurs victimes. Elles veulent connaître vos amis et n'hésitent pas à les critiquer car elles ne veulent pas perdre le contrôle sur vous. Si vous avez remarqué l'un de ces comportements chez quelqu'un de votre entourage, il est fort probable que vous ayez affaire à un manipulateur compulsif.

5. Ils utilisent la critique pour vous humilier et détruire votre amour-propre

La critique est l'une des manières les plus courantes d'offenser quelqu'un dans un contexte social. Il peut parfois s'agir d'un comportement normal, lorsque l'on cherche à faire rire pour briser la glace dans un groupe que l'on veut intégrer, par exemple. Cependant, pour les manipulateurs, critiquer et humilier est une stratégie efficace pour prendre le contrôle. « Ces vêtements ne te vont pas », « Tu es moche », « Tu es grosse », « Tu n'es pas assez intelligente pour ce travail », « Je ne sais pas ce qui m'a attiré chez toi », etc. Par cette stratégie de critique et d'humiliation constantes, le manipulateur sape l'estime de soi de sa victime, pour ensuite la flatter à nouveau et la récompenser de sa soumission et de sa loyauté. Il est donc important de garder à l'esprit cette tendance à humilier et à critiquer, afin de savoir si vous êtes face à un manipulateur.

6. Ils font toujours de fausses promesses

Maintenir l'illusion est l'une des principales faiblesses des manipulateurs. La stratégie consistant à maintenir leurs victimes dans un état constant d'espoir rend ces prédateurs forts et confiants, car ils savent qu'elles sont constamment soumises à leur stratégie de fausses promesses : « Pardonne-moi...je te promets que nous ferons ce voyage », « Je t'achèterai cette bague que tu aimes tant, si tu me fais plaisir », « Si tu fais cela pour moi, je te donne ma parole que nous irons dans ce restaurant que tu aimes tant », « Si tu m'aides dans cette affaire, je peux t'obtenir une promotion ou une augmentation de salaire », etc. Ces formules entretiennent la flamme de l'espoir et de l'illusion chez les victimes des manipulateurs. Bien sûr, ces promesses ne vont jamais se réaliser, car elles font partie de la stratégie qui leur permet de manipuler leurs victimes comme s'il s'agissait de marionnettes.

7. Ils amènent leur victime à prendre des décisions irréfléchies

Souvent, les victimes des manipulateurs finissent par faire des choses qu'elles n'ont jamais faites auparavant, juste pour leur plaire. Les stratégies et les techniques des manipulateurs sont souvent si efficaces que leurs victimes vont jusqu'à vendre des choses, contracter des emprunts, faire des heures supplémentaires, entreprendre des voyages longs et coûteux, voire voler ou commettre des actes criminels pour les satisfaire. Si vous vous êtes déjà demandé ce qui vous avait amené à faire quelque chose que vous n'auriez jamais fait normalement, même dans la pire des situations, il se peut que vous soyez victime d'un manipulateur.

3.3 Comment se défendre face à la manipulation mentale ?

Comme nous l'avons vu précédemment, la manipulation mentale est souvent très subtile, mais très efficace. Une fois que l'on a découvert que l'on est la proie de manipulateurs, il est possible de s'opposer aux abus de ces sombres personnalités. En prenant conscience de notre rôle de victime et en constatant que l'auteur du délit, c'est-à-dire le manipulateur, a profité de notre empathie et de notre bonne volonté, nous pouvons prendre des décisions pour échapper à leur réseau complexe de mensonges, de tromperies, de ruses, de pièges, d'humiliations et d'autres stratégies visant à contrôler notre esprit et nos émotions.

1. Fixer des limites

Si, avant la relation, vous étiez du genre à ne laisser personne décider à votre place, il est temps de reprendre cette attitude. Le manipulateur n'aime pas qu'on lui impose des limites, car c'est lui qui impose des limites à sa victime. Cette attitude consistant à fixer des limites à la relation que vous avez établie avec le manipulateur ne va donc pas lui plaire du tout. En signe de protestation, il est possible qu'il vous menace, vous mette en garde contre d'éventuelles représailles et vous soumette à la loi de la glace, vous traitant avec la plus grande indifférence pendant des jours, des semaines, voire des mois. Malgré tout, limiter l'abus est l'un des moyens les plus efficaces pour commencer à reprendre sa vie en main.

2. Prendre ses distances

L'éloignement est l'une des principales mesures d'autoprotection que vous pouvez prendre pour éviter les abus du manipulateur. Une fois que vous avez décidé de prendre vos distances, même si le manipulateur vous appelle ou vous cherche, vous devez rester imperturbable dans votre décision de reprendre le contrôle de votre vie et de votre tranquillité d'esprit. Il existe une technique infaillible pour éviter de retomber dans les griffes du manipulateur : dire non, tout simplement. Ce n'est peut-être pas facile pour vous de dire non car vous trouvez cela trop direct ou impoli, mais vous devez le faire. Cela vous donnera la force et la détermination nécessaires pour couper les ponts avec le manipulateur.

3. Reconnaitre que vous avez affaire à un manipulateur

À ce stade de la lecture, vous avez appris comment les manipulateurs pensent et agissent, donc vous êtes certainement en mesure de dire si quelqu'un est un manipulateur ou s'il en a les traits de caractère. L'admettre est essentiel pour prendre la décision de rompre définitivement la relation toxique que vous avez établie avec cette personne. Le manipulateur cache, derrière son masque de supériorité et d'arrogance, un ego faible et une très faible estime de soi. Il est important de comprendre ce mécanisme de compensation pour retrouver l'estime de soi et la confiance en soi. Ce n'est pas parce que le manipulateur a peu d'amour propre que vous devez vous apitoyer sur son sort et vous livrer à lui pour l'aider : vous avez le droit de décider ce que vous voulez faire et ne pas faire dans votre vie. Personne n'a le droit de contrôler votre vie, quelle que soit la raison pour laquelle vous essayez de justifier ce comportement.

4. Retrouver votre autonomie

La plupart des victimes de manipulateurs se sont habituées à être manipulées, humiliées, maltraitées, manipulées et contrôlées par ces personnalités sombres. Cette soumission dérivée de l'abus est un mécanisme courant de l'esprit soumis. En aucun cas vous ne devez donner tout ce pouvoir à quelqu'un, qui que ce soit. C'est-à-dire que vous êtes seul responsable des décisions que vous prenez dans votre vie, qu'elles soient bonnes ou mauvaises. Le manipulateur vous dira qu'il vous aide en décidant de tout ce qui vous concerne. Vous devez vous défaire de cette dépendance qui consiste à demander au manipulateur la permission de faire ou de ne pas faire ce que vous voulez. Le manipulateur ne se soucie de sa victime que dans la mesure où celle-ci lui donne tout pouvoir sur sa volonté, ses idées et sa vie.

5. Bannir le manipulateur

La technique de bannir, ou ghoster, ceux qui ont mal agi peut s'appliquer à votre manipulateur. Les ignorer, les rayer de la liste des personnes que vous souhaitez avoir dans votre entourage et les mettre sur votre liste de *persona non grata* est la première chose à faire lorsque vous réalisez que vous êtes la proie d'un esprit manipulateur. La première étape consiste à ignorer les tentatives de manipulation grossières telles que la flatterie, les compliments, les félicitations, et autres moyens d'attirer votre attention. Lorsque le manipulateur vous écrit, vous pouvez choisir de l'ignorer, de le bloquer ou de laisser le message en attente aussi longtemps que vous le jugez nécessaire. Vous pouvez procéder de manière directe ou indirecte. La manière directe consiste à utiliser des phrases telles que : « Je ne veux plus que tu m'écrives, s'il te plaît ». Répondre indirectement, en revanche, est beaucoup plus subtil, mais cela peut faire croire au manipulateur qu'il a du pouvoir sur vous. C'est le cas lorsque vous laissez le message en attente ou si vous répondez par "Ok" ou "D'accord". Malheureusement, si vous n'êtes pas assez franche et directe, cela peut conduire le manipulateur à continuer à vous harceler.

6. Dénoncer publiquement le manipulateur

Un autre mécanisme qui peut s'avérer efficace pour les personnalités manipulatrices consiste à les exposer sur les réseaux sociaux ou sur internet. Pour les narcissiques et les psychopathes qui ont une haute opinion d'eux-mêmes, cela est un véritable enfer et peut éventuellement les persuader de continuer à essayer de faire de vous leur victime. Vous devez donc prendre la décision de le faire, sans penser à ce que le manipulateur pensera si vous dévoilez le genre de personne qu'il est.

3.4 Signes de manipulation verbale

Comme nous l'avons vu, selon la PNL, la façon dont nous communiquons verbalement influence et modifie le cerveau des autres. Dès l'enfance, nous sommes régis par des ordres et des règles tels que : « Ne pas marcher sur l'herbe », « Interdiction de fumer », « Ne pas jeter d'ordures ici », « Ne pas faire de bruit », « Interdiction de tourner à droite », etc. Le langage verbal détermine en grande partie la manière dont notre cerveau façonne le monde. De même, en fonction de la langue maternelle, notre cerveau commence à définir une vision et une personnalité dérivées de la culture. Les personnalités de la triade noire et les manipulateurs savent comment utiliser le pouvoir du langage verbal pour prendre le contrôle de leurs victimes.

Choisir les mots justes pour obtenir les effets désirés sur les autres est l'une des principales forces de ce type de prédateur. Nous avons déjà vu comment, dans des domaines tels que la politique ou le divertissement, la persuasion par le langage verbal produit des effets fulgurants qui parviennent même à changer complètement une société entière.

Pour atteindre leurs objectifs, les manipulateurs n'utilisent pas des mots au hasard. Ils ont tendance à beaucoup s'entraîner et à corriger leurs erreurs pour être toujours plus éloquents. Pour le cerveau, la fluidité verbale lors d'une conversation, d'un débat, d'un exposé ou d'une conférence est cruciale pour la crédibilité. Plus le nombre de mots par minute est élevé, plus les gens perçoivent l'orateur comme quelqu'un qui connaît le sujet et qui est expert, ils n'ont donc aucun mal à croire tout ce qu'il dit.

La persuasion par le langage est souvent subtile mais elle est puissante. Les mots permettent de nuancer la conversation. En effet, essayer de persuader quelqu'un à l'aide des mots peut s'avérer beaucoup moins agressif et flagrant en employant un mot plutôt qu'un autre. Ainsi, lorsque quelqu'un utilise les expressions « Excusez-moi », « Je vous demande pardon », « S'il vous plait », « Merci », par exemple, il a beaucoup plus de chances que les autres l'écoutent et le traitent avec gentillesse que s'il est moins aimable, verbalement parlant.

Les enfants comprennent souvent très vite le pouvoir des mots, notamment lorsqu'ils s'en servent pour poser aux adultes des questions telles que : « Pourquoi le ciel est-il bleu ? », « Pourquoi la lune ne tombe-t-elle pas ? », « Pourquoi mon grand-père a-t-il des cheveux blancs ? »

Pour notre cerveau, des mots comme « pourquoi » ont un pouvoir insoupçonné, car ils nous poussent à nous justifier par le langage. C'est au début du développement neurologique de l'enfant, vers l'âge de cinq à six ans, que ce genre de questions urgentes et percutantes commence à émerger. Les hémisphères cérébraux commencent à faire des interconnexions neuronales, c'est pourquoi les enfants veulent tout savoir ; disséquer les animaux, ouvrir les jouets, creuser des trous pour déterrer des insectes et les observer de près, etc. Ils verbalisent cette curiosité par des « pourquoi », C'est ainsi qu'ils tentent d'expliquer les phénomènes qu'ils découvrent.

Les grands manipulateurs, dont de nombreux spécialistes du marketing et de la vente, sont souvent très habiles en matière de communication verbale. Nous en avons déjà tous fait les frais. En voici un exemple :

Dans un centre commercial, un homme élégamment vêtu interpelle un homme qui tient son enfant par la main et qui est encombré de sacs de courses :

« Monsieur ! Un instant, je vous prie. Êtes-vous inquiet pour l'avenir financier de vos enfants ?

-Oui, bien sûr, répond le père de famille sans vraiment y réfléchir, visiblement pris par surprise.

-Il est clair que vous êtes un père modèle, répond habilement l'homme élégant, cette assurance sera parfaite pour assurer l'avenir de votre famille !»

Le vendeur utilise des mots clés pour attirer l'attention de son client potentiel : « je vous prie », qui brise les défenses de l'interlocuteur, « avenir » et « enfants », qui font directement appel à l'émotivité et à ce qui compte le plus pour lui : sa famille. La dernière étape, qui consiste à utiliser la formule « l'avenir de votre famille », finit par convaincre le père de famille de baisser sa garde et d'écouter ce que le vendeur a à lui proposer.

De même, le manipulateur utilisera la flatterie pour contrer l'éventuelle résistance de sa victime. Cette technique est un classique, elle est utilisée par de nombreux hommes pour attirer l'attention d'une femme sensuelle et belle. Ils emploient des formules telles que : « Tu es la plus belle femme du monde ».

Bien qu'il soit évident qu'il s'agit de l'une des techniques de drague les plus grossières, il n'est pas surprenant que, même aujourd'hui, elle puisse encore inciter une femme à remarquer un homme ordinaire auquel elle n'aurait pas prêté attention dans d'autres circonstances.

Utiliser l'imagination de la victime est une autre stratégie qui permet au manipulateur de faire céder sa victime. La projection hypothétique en est l'exemple parfait. « Imaginez que » est l'une des formules les plus utilisées par les manipulateurs pour amener le cerveau à mordre à l'hameçon qui lui a été tendu.

« Imagine que tu rencontrais un homme unique en son genre, qui t'offrirait une vie de princesse dans un manoir de rêve, où tu n'aurais pas à lever le petit doigt pour avoir un verre de limonade par une chaude journée d'été... eh bien, cet homme, c'est moi », tel pourrait être le dialogue hypothétique d'un manipulateur, qui, bien qu'il semble absurde, a un grand pouvoir car les mots créent des points d'ancrage dans l'esprit. Bien que les manipulateurs soient très forts pour jouer avec les mots, certaines formules se ressemblent de par leur structure, basée sur la flatterie gratuite et la technique narcissique visant à donner de l'attention. En voici quelques-unes :

- Tu es une personne fascinante.

- Tu incarnes l'élégance.

- Tu as un excellent style vestimentaire.

- On t'a déjà dit que tu avais un sourire charmant ?

- Comment se fait-il que je sois toujours ébloui par ta beauté ?

3.5 Techniques de récompense

La récompense est un outil très courant pour obtenir ce que l'on veut des autres de manière détournée. Nous avons presque tous été victimes de ces techniques, souvent sans nous en rendre compte. Il s'agit d'un conditionnement social qui consiste à obtenir quelque chose en échange d'une action. Par exemple, observons la manière dont le gouvernement nous manipule par des techniques de récompense pour nous inciter à nous rendre aux urnes. Il est clair que personne n'a envie de sortir de son lit bien chaud, encore moins un dimanche, pour faire une longue queue dans le but de déposer son vote dans l'urne. « Qu'est-ce que j'y gagne ? », se demanderont ceux qui n'ont pas l'esprit démocratique. Les gouvernements offriront alors une récompense pour convaincre même les plus récalcitrants à aller voter. Dans certains pays, par exemple, les impôts sont réduits, les frais d'inscription à l'université sont offerts ou une demi-journée de travail est offerte. Bien sûr, vous restez libres de voter pour le candidat de votre choix, alors faites-le, même s'il s'agit d'un vote blanc.

Cette stratégie de persuasion, qui utilise la technique de la récompense, est courante dans les affaires et les relations interpersonnelles. Pendant des années, de nombreux parents ont dû faire face à l'esprit rebelle de leurs enfants qui ne voulaient pas travailler à l'école.

« Tu as des résultats scolaires catastrophiques, dit le père mécontent en regardant le bulletin scolaire avec consternation. À partir de maintenant, plus d'Internet après 20 heures et plus de console de jeux vidéo. Elle est confisquée jusqu'à ce que tu améliores tes notes, c'est compris ? »

Cette stratégie, qui fait appel à la coercition et à l'imposition, n'est pas la meilleure. L'élève n'est pas encouragé à faire des efforts pour s'améliorer, il est littéralement obligé de le faire. D'un point de vue réaliste, cette technique n'est pas susceptible de porter ses fruits.

« Tes notes sont mauvaises, il faut faire quelque chose, dit un père en regardant attentivement le bulletin scolaire de son fils, Faisons un marché : si tu améliores tes notes d'ici à la fin de l'année, je t'achèterai cette console de jeux que tu rêves d'avoir. Marché conclu ? »

Cette stratégie emploie une technique de récompense beaucoup plus attrayante pour l'élève. Il sera récompensé de ses efforts par quelque chose qu'il désire vraiment. Contrairement à la première stratégie, où il est forcé, contraint et limité par l'autorité parentale. Pour le cerveau, le rapport effort-récompense est bien meilleur que le rapport effort-obligation.

Les manipulateurs agissent de la même manière avec leurs victimes. Ils leur promettent de leur accorder toute leur attention, leurs ressources et leur amour si elles font ce qu'ils veulent : cadeaux, voyages, bijoux, vêtements, sorties, voitures, dîners hors de prix dans de grands restaurants, etc. La seule condition est que la victime se laisse convaincre par les récompenses que le manipulateur lui promet.

S'inspirant de la méthode de Pavlov, qui faisait qu'à chaque fois qu'on allumait une ampoule, le chien salivait parce qu'il savait qu'il allait recevoir de la nourriture, le manipulateur propose à sa victime de faire quelque chose en échange de ce que son esprit machiavélique considère comme étant la récompense idéale pour sa proie. En résumé, le manipulateur fait passer le message suivant à sa victime : « Sois gentille avec moi et je m'occuperai bien de toi. Dans le cas contraire, je te punirai. »

Témoignage de la technique de récompense d'un patron manipulateur

Jenny est une jeune fille qui travaillait dans un supermarché ouvert 24 heures sur 24. Elle était la seule vendeuse. Cela signifie qu'elle devait faire le travail de plusieurs employés : nettoyer le magasin, organiser les marchandises, remettre en rayon les produits en rupture de stock, encaisser l'argent, veiller à ce que rien ne soit volé, etc. Elle occupait le même poste depuis un peu plus de deux ans, bien que son patron, Jean, lui avait promis d'augmenter son salaire et de lui donner un meilleur poste de travail. Jenny a vu passer plusieurs collègues qui se sont lassés du mauvais traitement de Jean à leur égard.

« John leur faisait faire des heures supplémentaires, raconte Jenny avec une certaine résignation. Mais comme il leur promettait de leur donner des jours de congé s'ils faisaient des heures supplémentaires, pratiquement aucun d'entre eux n'a protesté. Cela se finissait toujours de la même manière : ils étaient si fatigués qu'ils ne revenaient pas.

À la fin de l'année, compte tenu du fait que personne ne voulait travailler au supermarché, John m'a proposé de me donner des vacances au Nouvel An si je travaillais deux fois plus dur, c'est-à-dire si j'arrivais tôt et si je restais jusqu'à minuit. Ma remplaçante était une cousine de sa femme, la seule personne qu'il avait pu trouver pour travailler là. Bien sûr, il ne la payait presque rien, parce qu'elle consommait tout ce qu'elle voulait pendant qu'elle travaillait, et profitait de l'accès à internet.

J'ai travaillé dur pendant tout le mois de décembre. Lorsque le moment est venu pour John de tenir sa promesse, c'est-à-dire de me donner une semaine de vacances pour passer le Nouvel An avec ma famille, il m'a dit : « Jenny, merci beaucoup pour ton travail ! ». Il souriait et était très gentil avec moi, ce qui était étrange car il avait toujours une expression amère sur le visage. Il m'a ensuite tendu un paquet cadeau contenant des choses du magasin et m'a dit : « Je sais que je t'ai promis des vacances, mais je voudrais savoir si tu peux m'aider jusqu'au Nouvel An. Si tu fais ça pour moi, je te garantis que tu peux partir deux semaines en janvier. Qu'en dis-tu, tu veux bien m'aider ? »

Je savais qu'il ne tiendrait pas sa parole, que je travaillerais jusqu'au Nouvel An et que je continuerais à travailler en janvier, février et le reste de l'année, sans recevoir de congés en récompense de mes efforts. Je lui ai dit de me payer tous les jours de travail qu'il me devait jusque-là. Il est allé chercher l'argent dans le coffre-fort et me l'a tendu. Il a alors fait une tête de chien battu et m'a encore demandé de l'aider. Je lui ai serré la main et j'ai quitté le supermarché pour ne plus jamais y revenir. »

CHAPITRE 4 : LA PERSUASION

4.1 La PNL et la persuasion

Comme nous l'avons vu plus haut, le modèle de communication de la PNL est déterminé par une série de réponses, dérivées du comportement d'une personne. Cette réponse cognitive fait que le comportement externe d'une personne entraîne une réponse interne. Cette réponse interne se manifestera sous la forme d'un comportement externe, provoquant à nouveau une réponse interne chez l'autre personne. Le cycle est représenté de la manière suivante dans le modèle de communication de la PNL :

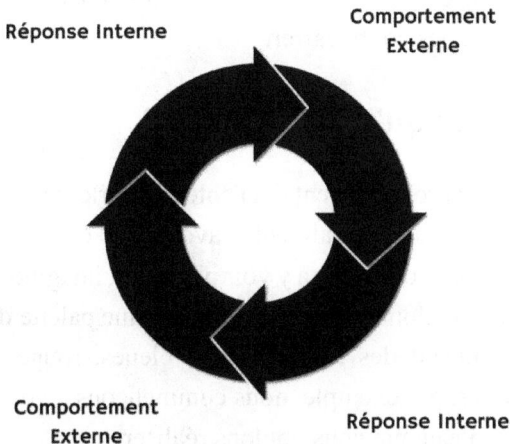

Le cercle de la communication selon la PNL

Bien que cela puisse sembler trop schématique, il s'agit des processus cycliques qui se produisent au sein du cercle de communication de la PNL, établi par John Grinder et Richard Bandler, et qui peuvent être résumés dans la pratique par les trois piliers du processus de communication :

1. Savoir ce que l'on veut.

2. Savoir recevoir les réponses.

3. Faites preuve de souplesse dans votre comportement pour obtenir ce que vous voulez.

Le système de communication de la PNL est à la fois fondamental et complexe. Il est employé par les manipulateurs et les personnalités de la triade noire pour obtenir ce qu'ils veulent de leurs victimes. À présent, nous allons nous plonger dans l'étude et l'application de ces stratégies de PNL pour connaître les désirs du manipulateur et les contrecarrer.

4.2 Qu'est-ce qu'une croyance ?

Vous avez probablement déjà entendu parler des systèmes de croyance, mais sans vraiment savoir de quoi il s'agissait exactement. Pour vous aider à y voir plus clair, imaginons une toile vierge que nous allons peindre en utilisant une palette de couleurs variées. En traçant des lignes noires, bleues, rouges, violettes, jaunes et vertes, par exemple, nous commençons à voir apparaitre l'image du tableau que nous voulons réaliser.

De la même manière, dans notre vie, tout au long de notre apprentissage à l'école, à l'université, au travail, dans notre famille, chez nos voisins et dans la société en général, notre culture, nos croyances et nos habitudes nous poussent à sélectionner certaines idées et à les inclure dans notre tableau comportemental.

Tout comme un peintre ne peut pas utiliser toutes les couleurs existantes, mais doit les choisir en fonction de ce qu'il veut exprimer dans son tableau, les gens choisissent de se comporter selon les notions de bien et de mal qui ont été gravées dans leur esprit. Ces croyances déterminent la manière dont nous vivons notre vie et les bases de nos relations avec les autres. Pouvez-vous répondre aux questions suivantes le plus franchement possible ?

- Croyez-vous en Dieu ?

- Considérez-vous que la patrie soit une notion importante ?

- Quelle est, selon vous, la valeur essentielle que doit avoir une personne ?

- Est-il plus important d'avoir beaucoup d'argent ou d'être en bonne santé ?

Les réponses que vous pourrez donner seront probablement particulières et déterminées par votre culture, votre éducation, votre pays, vos croyances religieuses, votre esprit critique, vos tendances politiques, etc. Chaque personne a une configuration différente d'idées et de croyances.

Une croyance ancrée dans notre esprit peut rendre notre vie plus ou moins difficile ou heureuse. Certaines personnes poussent leur système de croyance à l'extrême au point de risquer leur vie pour défendre leurs croyances face à celles des autres. Certains pensent qu'ils ont une morale très pure et considèrent alors que ce que les autres peuvent croire ou penser n'a que peu de valeur.

Croire que sa religion est meilleure que celle pratiquée par d'autres, ou pire, savoir qu'il y a des gens qui disent ne pratiquer aucune religion, peut donner lieu à des disputes et de la violence dans les cas extrêmes de fanatisme religieux. Le fanatisme se retrouve également au niveau des clubs sportifs et des idéologies politiques.

Le fait d'avoir été attaqué dans son enfance par un animal, tel qu'un chien, peut amener une personne à grandir avec l'idée que tous les chiens sont agressifs. De même, une personne qui a eu la malchance d'être agressée ou blessée dans un quartier pauvre peut en venir à penser que tous les habitants des quartiers pauvres sont dangereux et lui veulent du mal. Le pouvoir des croyances est très grand et peut déterminer la vie entière d'une personne.

4.3 Qu'est-ce qu'un ancrage ?

L'ancre, dans le domaine de la navigation, est un outil qui aide les bateaux à rester au même endroit, même si la force des vents et des vagues a tendance à les entraîner vers le large. En psychologie, un ancrage est un stimulus gravé dans notre esprit, qui peut servir de déclencheur pour modifier notre état d'esprit, de manière négative ou positive. Par exemple, un ancrage positif peut nous rappeler le moment précis où nous avons relevé notre plus grand défi dans la vie et en sommes sortis victorieux et fous de joie. Le souvenir de cette sensation suffit à nous rendre heureux. En revanche, un ancrage négatif nous rappelle le moment où nous étions au plus bas, faibles, vulnérables et en souffrance, ce qui nous rend triste au point de vouloir chasser ce souvenir de notre esprit au plus vite.

Le déclencheur de cet ancrage peut prendre plusieurs formes : une image, une couleur, un goût, un bruit ou une musique, une odeur, un film, etc. Nous sommes toujours attachés à une sorte d'ancrage, le processus mnémotechnique du cerveau s'en sert lorsqu'il évoque la mémoire. Tout comme le chien saute de joie lorsque nous lui montrons sa laisse parce qu'il comprend immédiatement qu'il va se promener, notre cerveau associe un état d'esprit à un souvenir, qu'il soit positif ou négatif.

Certaines personnes ont recours à des ancrages comme se ronger les ongles, boire du thé ou manger, par exemple, lorsqu'elles passent par des moments de tension ou de détresse. Ces ancrages peuvent être supprimés, pour éviter de tomber dans le cercle vicieux que nous avons vu dans le chapitre précédent. Pour sortir de ce cycle que la PNL génère dans notre esprit, il faut employer la méthode de l'action-réaction.

Lorsque nous nous trouvons dans un état d'émotivité intense, nous réagissons tous d'une certaine manière : excitation, anxiété, peur, tension, etc. S'ils sont stimulés de manière précise et au bon moment, la réponse et le stimulus peuvent être liés, créant ainsi un ancrage puissant et positif. Ces ancrages sont utilisés par les manipulateurs et les personnalités de la triade noire pour obtenir ce qu'ils veulent ; nous devons contrer cette technique par une autre où nous avons un ancrage beaucoup plus bénéfique et puissant.

L'exercice que nous pouvons faire pour créer un ancrage positif consiste à nous remémorer un souvenir, qu'il soit positif ou négatif. Nous pouvons demander à quelqu'un d'être avec nous pour faire l'exercice. Dès que nous nous le remémorons, nous revenons à ce moment, en ressentant la même chose qu'à cette date, à cette heure et à cet endroit. Avec la même tristesse, la même joie ou la même angoisse. À ce moment-là, nous devons demander à notre accompagnateur, ou le faire nous-mêmes, d'appliquer un stimulus tel qu'une musique, une odeur, une texture ou une image qui correspond exactement à l'état d'esprit dans lequel nous nous trouvons au moment de revivre ce souvenir. Nous créerons ainsi un ancrage, mais cette fois-ci, contrairement à la première fois, de manière totalement consciente. Il est donc possible d'inverser un mauvais souvenir au moyen d'un ancrage positif et d'un stimulus suffisamment puissant pour le graver dans notre esprit. C'est ce que les manipulateurs et les personnalités de la triade noire font constamment avec leurs victimes, sans qu'elles s'en rendent compte.

4.4 Comment utiliser des schémas pour redéfinir ses centres d'attention

Il existe différentes techniques de PNL pour redéfinir, au moyen de schémas, les centres d'attention que nous avons. Pour être concis, nous allons analyser les trois principaux schémas :

1. L'intention positive

Comme vous pouvez le voir dans le titre, ce schéma concerne notre faculté à savoir quelle est l'intention positive d'une personne à notre égard. Nous avons tendance à être très sensibles aux critiques, d'où qu'elles viennent. Dans certains cas, des personnes que nous estimons beaucoup, comme un professeur, un ami ou notre mère, peuvent critiquer chacune de nos paroles, propositions ou encore les avis que nous donnons. Réfléchir à ce qui ne va pas dans ce que nous disons est la clé ; cela sera d'une grande aide pour essayer de persuader les personnes qui ont tendance à tout critiquer et à dire que ce que nous pensons ou disons n'a aucune valeur. « C'est une idée stupide », « Tu as tort, ce n'est pas comme ça que ça se passe », « Je ne suis pas d'accord avec toi sur ce point », sont quelques-unes des principales expressions de ces personnes. Parfois, cette critique de l'idée, de la pensée ou de la croyance s'accompagne d'un ad hominem, c'est-à-dire d'une critique de la personne elle-même, ce qui rend la situation encore plus complexe.

L'essentiel est d'inverser l'affirmation négative. Si quelqu'un réagit à notre proposition avec une phrase du genre : « Cette idée est stupide et peu pratique », nous pourrions lui répondre par : « Comment faire pour rendre cette idée pratique et intelligente ? » Cela désarme la négativité du critiqueur, l'amenant à repenser la critique d'un point de vue constructif plutôt que destructif. En passant de : « Cette idée est à rejeter d'emblée » à « Comment peut-on l'optimiser ou l'améliorer ? », la critique gratuite prend alors une tournure positive.

2. L'analogie métaphorique

En littérature, une métaphore est une comparaison entre deux choses qui peuvent être de nature différente, en les mettant sur un pied d'égalité afin de plaire au lecteur ou de suggérer une idée similaire. Dire, par exemple, « Rendons cette idée aussi fraîche qu'une pluie d'été » ou « douce comme un dessert qui adoucit un repas copieux » peut amener le critique à penser de manière beaucoup plus abstraite, à voir les choses sous un angle différent.

3. Le changement d'objectif

Supposons que nous devions convaincre une équipe que notre idée est géniale, mais que quelqu'un la critique. Au lieu de penser à la critique en tant que telle, on peut regarder les choses d'un autre point de vue : disons que l'idée est d'installer un distributeur de café mais que certains préfèrent installer un distributeur de sodas ou de glaces car nous sommes en été. Au lieu de se focaliser sur l'échec de la première idée, on pourrait retravailler l'idée en proposant, par exemple, de vendre de la glace au café, ce qui est aussi stimulant qu'une tasse de café, tout en étant rafraîchissant.

Ce type de schéma entrainant un changement d'objectif est constamment utilisé par les manipulateurs sur leurs victimes afin de les persuader et de les contrôler.

4.5 Les principes de Cialdini

Robert Cialdini a proposé une série de principes pour persuader et influencer les autres. Nous verrons ci-dessous en quoi consiste chacun d'entre eux et comment les appliquer pour se défendre contre les attaques des manipulateurs, des personnes machiavéliques, des psychopathes et des personnalités de la triade noire.

1. Le principe de réciprocité

Les êtres humains sont toujours d'accord pour recevoir des cadeaux. Chaque fois que nous entendons la phrase « J'ai un cadeau pour toi », notre esprit s'excite immédiatement, mais en même temps, nous avons l'impression d'être redevables. Parfois, dans les rues des grandes villes, des vendeurs persuasifs donnent quelque chose aux passants en leur disant que cela ne coûte rien, mais avant de partir, ils disent généralement : « En retour, donnez ce que vous voulez pour me soutenir ». Il en va de même pour les artistes de rue qui ne sont pas payés pour mettre de l'ambiance ou apaiser les nerfs tendus des passants, mais qui laissent l'étui de leur instrument ou un chapeau pour inciter les gens à leur donner de l'argent. Lorsque l'on rend un service de manière désintéressée et que l'on entend « merci !», nombreux sont ceux qui répondent « de rien ! ». Pour reprogrammer verbalement notre cerveau, il est préférable de répondre : « à charge de revanche !», par exemple. Cela donne une sorte de valeur intrinsèque à l'acte de réciprocité.

2. L'engagement et la cohérence

Ce principe concerne la cohérence et l'engagement entre ce que nous disons et ce que nous pensons. Si quelqu'un a déjà déclaré qu'il était favorable à une idée ou à une proposition qui lui a été faite, il est probable qu'il l'acceptera. Nous voulons tous qu'il y ait une cohérence entre nos pensées et nos actions. Prendrions-nous la même décision une deuxième fois ? Si la réponse est non, alors il n'y aura aucune raison de dire oui, car cela ne serait pas cohérent.

3. Le principe de comparaison

L'être humain a tendance à percevoir les choses par paires ou en les comparant à ce qui les entoure, plutôt que de les considérer séparément. Par exemple, lorsque nous allons au supermarché, nous comparons toujours les marques de jus de fruits en termes de quantité, de qualité et de prix. C'est pour cette raison que nous examinons toujours le rapport qualité-prix dans pratiquement tous les domaines.

4. Le mimétisme social

Les êtres humains ont tendance à considérer le comportement des autres comme étant le bon. En d'autres termes, nous essayons toujours de copier les comportements des autres, qu'ils soient bons ou mauvais. La persuasion collective consiste à amener les gens à faire ce qu'ils voient les autres faire. Dans un embouteillage, par exemple, si quelqu'un essaie de doubler la file de voitures en passant par la bande d'arrêt d'urgence, il est fort probable que d'autres l'imiteront.

5. L'appréciation et les similitudes

En général, la réputation et l'apparence d'une personne l'aident à gagner l'estime des autres. Lorsqu'une personne est considérée comme séduisante ou élégante, les gens sont plus susceptibles de l'accepter et d'être aimables avec elle. Une personne qui a du charisme est presque toujours belle ou remarquable. Un mannequin ou une jolie fille attire l'attention de la plupart des gens lorsqu'il s'agit de vendre un produit. Les similitudes ont également leur importance : les goûts communs, comme le fait d'aimer un certain plat, une région, une équipe sportive, un auteur, une religion, une chanson, etc., font que les gens sont beaucoup plus enclins à nous accepter que ceux avec qui nous n'avons aucun point commun.

6. La légitimité liée au statut

Nous avons tendance à accorder de la crédibilité au statut, qu'il soit social ou intellectuel. Lorsque nous rencontrons quelqu'un, si nous ne savons pas ce qu'il fait, nous avons tendance à avoir des préjugés basés sur notre système de croyances. Si cette personne nous parle de questions médicales ou de santé, il est probable que nous ne la prenions pas au sérieux ; mais si elle nous dit qu'elle est médecin, nous sommes déjà prédisposés à lui accorder toute la crédibilité voulue, simplement parce qu'elle a ce statut. Il en va de même lorsque nous voyons une voiture luxueuse

: nous pensons que le conducteur est une personne puissante, prospère et importante.

Il est nécessaire de garder à l'esprit ces six principes de Cialdini afin d'éviter de tomber dans les pièges des manipulateurs, des machiavéliques, des narcissiques et des psychopathes. Ces personnalités sont constamment à l'affût du moindre point faible de notre personnalité pour s'en servir contre nous.

Certains considèrent que tout le monde est gentil et bienveillant envers les autres, mais la vie nous montre chaque jour que, malheureusement, le mal est partout.

Il y a toujours des gens qui veulent faire le mal, même si le reste de l'humanité s'efforce de faire le bien. En appliquant ces principes le plus intelligemment possible, nous pouvons éviter les pièges psychologiques que nous tendent les manipulateurs, les narcissiques, les psychopathes, les machiavéliques et autres individus de la triade noire de la personnalité.

5 - Comment communiquer avec assertivité

Transmettre ses idées avec assertivité, c'est-à-dire en s'affirmant tout en respectant les autres, n'est pas toujours facile. C'est pourquoi l'assertivité est l'une des grandes compétences de l'intelligence émotionnelle. En résumé, la communication assertive repose sur trois piliers fondamentaux, à savoir :

1. Être clair et concret : être précis dans ce qui est présenté dans notre communication, sans ambiguïté et sans tourner autour du pot. Il ne doit y avoir aucun doute sur nos idées dans l'esprit de nos interlocuteurs.

2. Être bref : essayer d'être aussi bref que possible, c'est-à-dire synthétiser l'idée afin de la communiquer avec le moins de mots possible.

3. S'excuser : en cas de désaccord avec les idées de l'interlocuteur, être capable d'assumer les erreurs argumentatives et de s'en excuser.

La communication assertive ne signifie pas être agressif ou irrespectueux envers qui que ce soit, au contraire. Cela signifie être concret, concis et direct dans ce que vous avez l'intention de communiquer, sans laisser aucun doute à ce sujet, en évitant toute ambiguïté et langue de bois, ou en d'autres termes, en sachant dire « non » sans tourner autour du pot. Cela permet d'éviter les malentendus, les confusions et, en fin de compte, les conflits qui peuvent survenir après une simple discussion sur des idées opposées.

Les avantages de communiquer avec assertivité sont les suivants :

- Améliorer l'estime de soi.

- Nous permettre de connaître les sentiments qui nous pèsent à ce moment-là.

- En parlant avec respect à nos interlocuteurs, nous renforçons également le respect de soi.

- La communication devient plus fluide.

- Nos choix sont plus judicieux.

- Les relations fondées sur la sincérité et l'honnêteté sont renforcées.

En pratiquant la communication assertive, nous améliorons les aspects positifs de l'intelligence émotionnelle, tels que la confiance, la concision et la maîtrise de soi. La personne acquiert de la conviction et de l'assurance dans son discours, ce qui fait d'elle un interlocuteur plus efficace et plus direct, qui projette de l'honnêteté et de la crédibilité aux yeux des autres.

Pour devenir un communicateur assertif, il est important de prendre conscience de la manière dont nous communiquons nos idées : Sommes-nous frustrés ou en colère lorsque nous sommes contredits ? Avons-nous envie de pleurer ou de crier ? Pour éviter ce type de réactivité, il est nécessaire de bien réfléchir à ce que l'on veut dire, calmement et posément, sans que cela ressemble à une accusation gratuite ou à un argument ad hominem. Apprendre à dire non, c'est renforcer l'estime de soi et le sens de l'honnêteté. Écouter ce que l'on dit, l'enregistrer, prendre note des éventuelles erreurs d'expression. Se concentrer sur ce que l'on dit, sans se laisser emporter par des émotions telles que l'euphorie, l'anxiété, la colère ou les pleurs. Prendre une bouffée d'air, ne pas hyperventiler, cela maintient le flux d'oxygénation cérébrale.

6 – Les modèles linguistiques

Chaque fois que nous parlons, nous suivons une série de schémas linguistiques dont nous ne sommes généralement pas conscients. Nous savons que les mots ont le pouvoir de persuader, de commander, d'influencer et de contraindre la volonté des autres. Le choix des mots est primordial car ils déterminent toutes nos actions et réactions. « Interdit », « Attention », « Ne pas s'approcher », « Danger », par exemple, nous donnent immédiatement le sentiment que nous ne devrions même pas penser à transgresser l'avertissement. Tout comme notre cerveau est prédisposé à ne pas faire quelque chose parce que nous sommes exposés à des risques, il existe également d'autres mots qui nous incitent à franchir le pas et à faire quelque chose : « Bienvenue », « Merci », « Gratuit », « Offre exceptionnelle », ou encore le slogan minimaliste de Nike depuis de nombreuses années : « Just do it ».

Les manipulateurs et les psychopathes sont très doués pour contrôler les émotions des autres en utilisant le langage. Lors des procès de Ted Bundy, par exemple, le sympathique et charmant tueur en série a toujours plaidé son innocence, en prétendant être accablé, ému et angoissé devant ceux qui le regardaient et l'écoutaient répéter : « Je suis innocent ! Je n'ai jamais fait ça, votre honneur ». En réalité, tout réside dans l'art de choisir les bons mots et de les prononcer au bon moment.

« Je suis innocent », semble-t-il crier au juge et au jury, de peur qu'une injustice ne soit commise, même si, au fond de lui, Bundy savait qu'il avait pleinement, froidement et impitoyablement commis les crimes odieux dont on l'accusait. « Je n'ai jamais fait ça », renforce le sentiment d'innocence qui entourait l'argumentation verbale sophistiquée de Bundy, qui s'est toujours montré un homme doué pour la communication assertive, à la fois en tant qu'avocat et en tant que psychologue.

Comme nous l'avons vu dans les chapitres précédents, les hommes politiques, les leaders religieux, les influenceurs, les journalistes et les personnalités du monde des affaires sont souvent des experts dans l'utilisation de modèles linguistiques :

« La main de Dieu » est l'expression utilisée par les médias pour qualifier le but de Maradona contre l'Angleterre lors de la Coupe du monde 1986 au Mexique. Cette expression est devenue la quintessence du joueur argentin, jusqu'à sa mort.

« Je reviendrai et je serai des millions », disait Evita Perón dans ses discours au peuple argentin lorsqu'elle était affaiblie par sa maladie, toujours avec son mari, le chef de guerre Juan Domingo Perón. Cette stratégie verbale a permis de positionner politiquement le président de manière à ce que le peuple le soutienne sans réserve pour qu'il reste à la tête du pays.

« La patrie ou la mort » était le slogan des révolutionnaires cubains tels que Fidel Castro et Che Guevara pour justifier la nature radicale de leur lutte armée.

Les mots ont suffisamment de pouvoir pour façonner l'esprit des autres. L'utilisation de formules poétiques telles que la métaphore, l'hyperbole et la synesthésie aide à faire passer un message de manière subtile, même s'il est radical et violent.

7- Éliminer les pensées

Parmi les techniques de la PNL, il y a celle de la redéfinition des pensées, qui consiste plus ou moins à les éliminer définitivement de notre esprit. En d'autres termes, cela reviendrait à défaire un ancrage négatif. De la même manière que notre esprit est capable d'associer une pensée négative à un événement, une personne, un lieu ou une idée, nous pouvons supprimer cette pensée de notre cerveau.

Dans le bouddhisme, il existe une technique de méditation qui vise à faire table rase dans son esprit, c'est-à-dire le vide total. « Si vous pensez à la douleur, la douleur sera présente, et elle le restera », disent souvent de nombreux moines bouddhistes. L'état d'esprit est essentiel pour pouvoir projeter des états psychosomatiques, c'est-à-dire que l'esprit peut générer des douleurs, des symptômes, voire des maladies.

Prenons l'exemple de quelqu'un qui a eu un traumatisme avec les chiens pendant l'enfance. Chaque fois qu'il voit un chien, il s'imagine que celui-ci est en colère et qu'il va montrer les crocs et lui sauter au cou. Il ne peut pas s'empêcher d'avoir cette image en tête, il se sent pris au piège, ce qui est douloureux et traumatisant.

« Vous franchissez un portail et entrez dans une cour. Un chien apparaît alors et court vers vous, il vous montre les crocs, furieux, menace de vous mordre et finit par vous attaquer ».

Cette succession d'événements et d'images déclenche une réponse émotionnelle de peur, de panique et d'angoisse à chaque fois qu'apparaît un chien : Portail-courir-crocs-furieux-menacer-mordre. C'est une formule qui génère des traumatismes.

Pour éliminer ces pensées négatives, la technique de la PNL consiste à s'imaginer la situation inverse.

« Vous franchissez un portail et entrez dans une cour. Il y a un chien très gentil. Il remue la queue et vient vers vous pour que vous le caressiez. Il n'y a rien qui puisse vous menacer, il n'y a pas de danger. »

Projetez dans l'esprit cette séquence totalement opposée à la précédente : Portail-chien-gentil-remuer la queue-caresser.

Contrairement à la précédente, cette formule fait disparaitre l'image de l'attaque qui a provoqué le traumatisme.

L'esprit génère tout ce que nous savons ; les idées, les pensées, les désirs, les frustrations, les peurs, les espoirs. Tout ce que nous imaginons, qui nous sommes et comment nous voyons et comprenons le monde, est lié au langage, aux verbes, aux adjectifs, aux noms, et aux métaphores.

CHAPITRE 5 : QU'EST-CE QUE LA TCC ?

5.1 Concepts et principes pour tout comprendre sur la TCC

L e progrès des techniques et des thérapies en psychologie permet de surmonter de mieux en mieux les traumatismes et les blessures émotionnelles, en particulier ceux qui découlent des relations avec les manipulateurs, les narcissiques, les psychopathes et les personnalités de la triade noire. La thérapie cognitivo-comportementale (TCC) a aidé des milliers de patients souffrant de troubles anxieux et de dépression à surmonter les crises les plus difficiles qu'ils ont dû traverser à la suite d'un traumatisme psychologique.

Comme son nom l'indique, la TCC est une thérapie radicale qui modifie les schémas de pensée et de comportement dans les cas extrêmes. Son objectif est d'aider les patients à modifier les schémas comportementaux, ainsi que les schémas de pensée et les schémas verbaux qui sont à l'origine des conflits.

Bien que la théorie de la psychanalyse de Freud ait été initialement révolutionnaire dans la compréhension des troubles, des traumatismes et des complexes, les progrès de l'étude de la psychologie humaine ont conduit à une évolution de la thérapie comportementale, avec des personnalités telles que le psychiatre Josep Wolpe, ainsi que le psychologue Arnold Lazarus, qui peuvent être considérés comme les pionniers de la TCC.

Le traitement des différents troubles mentaux par la TCC consiste à aider le patient à modifier progressivement ses croyances fondamentales, c'est-à-dire les comportements, les sentiments et les pensées qui déterminent qui il est, mais aussi ses relations avec les autres et sa vision de l'avenir (voir diagramme).

Diagramme de la thérapie cognitivo-comportementale

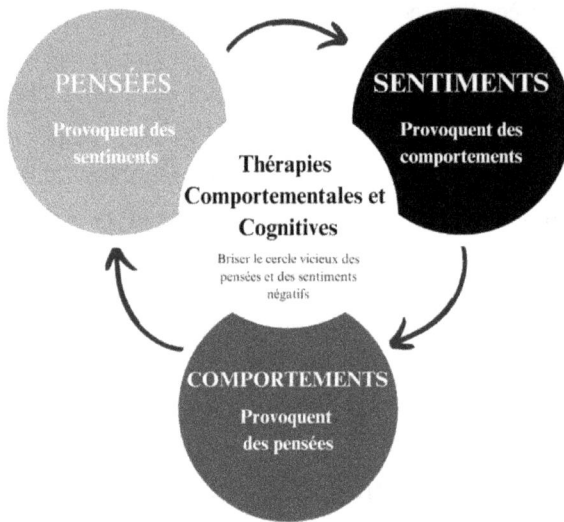

PENSÉES
Provoquent des sentiments

SENTIMENTS
Provoquent des comportements

Thérapies Comportementales et Cognitives

Briser le cercle vicieux des pensées et des sentiments négatifs

COMPORTEMENTS
Provoquent des pensées

Avant d'entamer une TCC, le patient doit faire l'objet d'une évaluation psychosociale approfondie ainsi que son entourage, étant donné que celui-ci joue un rôle déterminant dans le processus de réadaptation. Le modèle de psychothérapie de la TCC prévoit une période de traitement de 10 à 20 séances. La plupart des patients constatent une amélioration radicale dès la 5ème ou 6ème session.

D'autres concepts modernes de psychothérapie ont été intégrés à la TCC, comme la pleine conscience. Celle-ci est elle-même basée sur des philosophies millénaires telles que le stoïcisme, qui consiste à mettre côté des pensées concernant le passé et l'avenir, afin de se concentrer pleinement et objectivement sur le présent et toutes les possibilités qu'il offre.

Dans le cadre de la TCC, le thérapeute expose continuellement le patient à des pensées et à des sentiments afin de susciter de nouveaux raisonnements et ainsi de réadapter sa cognition à son environnement. Il s'agit d'une thérapie progressive, qui nécessite un engagement important de la part du patient et de son entourage afin de modifier ses croyances fondamentales.

Les principaux objectifs de la TCC sont les suivants :

1. Réduire les pensées dysfonctionnelles :

Beck décrit le modèle cognitif prédominant pour traiter la dépression comme ceci : A) triade cognitive : élimination des pensées négatives concernant l'avenir, la personne en particulier et le monde en général. B) schématisation négative : modification des schémas de pensée négatifs à propos de ce qui a été vécu dans le passé et ce qui sera vécu dans le futur. C) distorsions cognitives : mise en lumière de la dichotomie dans la pensée et des notions d'amplification et de minimisation à l'aide d'idées arbitraires et sélectives. Cela signifie qu'il est nécessaire de changer la pensée négative rigide et d'être logique et cohérent afin de se libérer de ses idées négatives et sombres.

2. Stimuler l'autocontrôle :

Selon le modèle de conception des processus dépressifs, l'autocontrôle dépend de trois facteurs : a) l'autoévaluation, b) l'autorenforcement et c) l'autocontrôle. La TCC tente d'éliminer le processus de feedback négatif et de renforcer le feedback positif.

3. Renforcer les compétences en matière de résolution des conflits :

Il s'agit de la capacité des individus à résoudre les événements qui génèrent un niveau élevé de stress et de vulnérabilité. Cela les pousse à les éviter et, s'ils doivent y faire face, à ressentir beaucoup de frustration, de colère et d'émotions négatives.

4. Renforcer la pensée positive :

L'objectif est de renforcer la pensée positive par le biais d'interactions sociales agréables avec leur entourage. Au départ, la négativité du patient peut l'amener à attirer des cercles sociaux, mais avec le temps, ceux-ci finiront par s'en lasser et l'éloigner, ce qui renforcera son propre concept de négativité.

5.2 La thérapie cognitivo-comportementale, un outil très puissant contre la psychologie noire

La TCC met l'accent sur la nécessité d'affronter ses peurs lorsqu'elles se présentent à nous. Cela est très important pour surmonter une relation traumatisante avec les personnalités de la triade noire, les manipulateurs, les narcissiques et les machiavéliques. Étant donné qu'après une relation avec une personnalité de la psychologie noire, l'esprit de la victime est fragilisé et vulnérable, la TCC est essentielle pour aider à surmonter le traumatisme relationnel qui résulte de ces relations toxiques.

La vie émotionnelle découle des processus cognitifs. Les émotions ne proviennent donc pas des situations du quotidien, mais des événements qui nous arrivent. Les émotions toxiques ne peuvent donc être éliminées que par la TCC, qui modifie les schémas de pensée et de comportement.

Notre cerveau interprète les situations à sa manière et chaque personne réagit différemment. Supposons qu'une personne, Marie, mariée depuis des années et avec deux enfants, reçoive la nouvelle dévastatrice que son mari, Pierre, a décidé de mettre fin à leur mariage. Voyons leur réaction :

Pour Marie, c'est la fin de sa vie. « Tout est fini », pense-t-elle. Elle en vient même à avoir des pensées suicidaires. Elle tombe dans une profonde dépression : elle boit, ne prends plus soin d'elle, et ne veut rien faire.

Pour Pierre, qui était déjà assez accablé par la vie qu'il menait, pleine de dettes, de problèmes, de pressions professionnelles, en plus de sa mauvaise relation conjugale, le divorce est une occasion de se libérer. Il pense à faire le voyage de ses rêves, un projet auquel il avait renoncé pendant ses années de mariage.

Marie a des pensées négatives liées au divorce, tandis que Pierre voit les possibilités qu'offre cette situation qui, pour la plupart des gens, peut être catastrophique.

Il est important pour la TCC que le patient parvienne à surmonter ses peurs et ses visions sombres de la vie et de l'avenir.

Pour cela, il ne doit pas seulement essayer de faire attention à ce que ses pensées soient toujours positives et naïves. Si c'était si simple, la TCC ne serait pas nécessaire pour surmonter les problèmes d'anxiété, de dépression et de stress post-traumatique, comme dans le cas d'un traumatisme résultant d'une relation avec un psychopathe ou avec une des personnalités de la triade noire.

Pour mieux comprendre ce qu'est la TCC d'un point de vue pratique, examinons ses principales stratégies.

Désintégrer :

Dans le cadre de la TCC, il est plus facile de comprendre une accumulation d'émotions écrasantes, telles que l'anxiété, la détresse ou la dépression, si elles sont décomposées à la manière d'un grand puzzle. On peut ainsi mieux comprendre comment chacun de ces sentiments et émotions a fini par entraîner un effet boule de neige.

Structurer le traitement :

Il est important d'assumer la responsabilité de ce que nous devons faire pour améliorer ou sortir de l'état de prostration dans lequel le manipulateur, le narcissique ou le psychopathe nous a laissés. La quantité et la qualité des doses de traitement que nous recevons permettront un rétablissement plus efficace. Ainsi, si une pensée ou un sentiment est plus puissant, en l'analysant en détail, nous pouvons l'envisager sous un angle différent et le canaliser dans la direction la plus appropriée.

La répétition :

La TCC ne se limite pas au canapé ou au cabinet du thérapeute : elle exige un travail continu de la part du patient pour renforcer les méthodes, réorienter les sentiments et les ancrer dans l'esprit, et reprogrammer les déclencheurs automatiques d'une situation donnée. Il convient de préciser qu'il n'existe pas de thérapie miracle qui n'exige pas du patient qu'il fasse sa part pour se rétablir.

Afin de commencer à reprogrammer les ancrages négatifs, la TCC propose des exercices qui transforment la perspective négative en une perspective plus optimiste :

Exemple de rupture des schémas de pensée :

Louis est un homme qui doit assumer les fonctions de père de famille et de travailleur indépendant. Les choses ne vont pas bien avec sa femme et ses enfants. Ceux-ci lui reprochent d'être absent, de ne plus se soucier de sortir le week-end pour jouer avec eux. Sa femme lui dit aussi qu'il la néglige. D'autre part, son emploi lui demande beaucoup de temps et de concentration, et comme il a de plus en plus de clients, il est submergé de travail.

Un jour, Louis rencontre son meilleur ami et lui raconte sa situation autour de quelques bières. Il est accablé. Son ami lui dit qu'il doit repenser les choses, mais qu'il fait ce qu'il faut. Pour que sa famille ne manque de rien, Louis sacrifie beaucoup de choses, y compris son temps libre avec sa femme et ses enfants. Son ami lui conseille de leur parler, de mieux organiser son temps et de répartir le travail avec ses clients. Ainsi, en réorganisant tout le travail qu'il a, ainsi que son rôle de père et d'époux, Louis pourra être plus performant, aussi bien dans sa vie professionnelle que personnelle.

Avec un état d'esprit plus fort, Louis peut maintenant s'occuper de son travail et de sa famille. Il a réorganisé son emploi du temps, de sorte qu'il peut se consacrer à lui-même et ne pas être totalement immergé dans les deux piliers de sa vie : son travail et sa famille. Tout est une question d'équilibre et de discipline.

5.3 Débloquer notre esprit et notre inconscient avec la TCC

L'esprit humain produit constamment des pensées, des idées, des concepts, des sentiments. Ce ne sont que des choses abstraites, mais elles pèsent lourdement sur la vie des gens. Ce n'est pas pour rien qu'il existe des cliniques thérapeutiques, des psychiatres, des psychologues et des asiles pour les malades mentaux dans le monde entier et que, tout au long de l'histoire de l'humanité, il a fallu faire face à des personnes souffrant de troubles mentaux. Dans la plupart des pays industrialisés et en développement, une grande partie de la population souffre de troubles anxieux, de dépression, d'obsession, de jalousie, de colère, etc.

La TCC aide à mieux gérer les schémas de pensée et de comportement. Apprendre une situation négative, comme la perte d'un emploi, la fin d'une relation ou le rejet d'une proposition financière, peut empêcher une personne de se relever du coup qu'elle a reçu, voire renforcer durablement les schémas de pensée négatifs qu'elle avait déjà.

La TCC identifie ces schémas comme des pensées négatives automatiques. La thérapie nous apprend à contrôler ces pensées afin qu'elles ne nous nuisent pas et à les utiliser à notre avantage, comme s'il s'agissait d'une technique d'arts martiaux, où l'on utilise la force de l'adversaire pour le vaincre.

Identifier les pensées à l'origine des problèmes :

Si les pensées étaient des personnes, chaque fois que nous verrions arriver la détresse ou la dépression, nous changerions simplement de place dans le bus, ou de trottoir, pour ne pas y être confrontés.

Apprendre à percevoir les émotions négatives :

Nous savons que les émotions négatives se manifestent lorsque quelque chose de grave se produit ou immédiatement après. Nous réalisons immédiatement que nous ne pouvons pas nous débarrasser du malaise ou de l'inquiétude et qu'il nous accompagnera pendant la journée ou le reste de la semaine. C'est comme une sorte d'insecte qui colle aux fibres de nos vêtements, dont nous ne pouvons pas nous débarrasser et qui nous terrifie. S'ancrer dans des émotions négatives et les renforcer n'aide pas. Au lieu de se dire : « Ça va être une catastrophe, je ne sais pas quoi dire pendant ma présentation », il faut positiver et débloquer l'esprit par un stimulus tel que lire quelque chose, écouter de la musique ou faire de l'exercice pour se vider l'esprit.

Ne pas se laisser emporter par des idées négatives :

« Je suis sûr qu'ils vont dire non », se dit quelqu'un qui va proposer à une entreprise de travailler sur un projet de publicité pour un nouveau produit. Deviner l'émotion négative à venir, c'est la renforcer. Laissez la patience et la discipline faire le travail, mais ne pensez pas en termes métaphysiques, ne vous punissez pas et ne vous laissez pas submerger par des choses qui ne se sont pas encore produites. Un tel renforcement négatif fait tomber les gens dans un profond gouffre de désespoir et d'obscurité.

5.4 Comment les thérapeutes mettent en pratique la TCC avec leurs patients

La pratique de la TCC consiste essentiellement à identifier les pensées qui déclenchent des émotions et des comportements négatifs, et à prendre des mesures pour y remédier. Il est donc conseillé de tenir un journal de bord dans lequel vous notez vos pensées afin de les neutraliser.

Lorsque l'analyse des sensations est effectuée en thérapie, le patient peut être confronté au cycle suivant :

Au premier abord, l'analyse critique n'est pas un événement qui est sensé déclencher une réaction émotionnelle négative telle que la rage.

Dans cet exemple, on remarque qu'il y a une pensée entre

ÉVÈNEMENT→   PENSÉE   → ÉMOTION

ANALYSE   «J'AI FAIT UNE   RAGE
CRITIQUE →   BÊTISE» →

l'événement et l'émotion qu'il génère : « J'ai fait une bêtise ». C'est cette pensée qui déclenche l'émotion négative.

Pour vous faciliter la tâche, ce modèle vous permet de noter vos pensées chaque fois que vous êtes confronté à une pensée négative. Vous devriez le faire régulièrement afin de commencer à gérer vos émotions. De cette manière, vous pouvez surveiller vos pensées afin d'éviter de créer des habitudes de négativité.

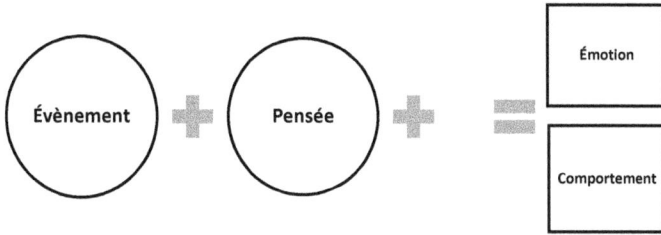

L'identification des pensées qui nous assaillent pendant le processus est quelque chose qui doit être fait de manière répétitive jusqu'à ce que cela devienne un automatisme. Les pensées sont parfois assez puissantes et chacun de ces composants, tout au long du processus, peut avoir une influence sur les autres : ainsi, toutes les pensées et tous les comportements affecteront le reste du processus, car ils forment un tout.

Une pensée négative est semblable à ce qui se passe lorsque l'on jette une grosse pierre dans un lac calme : l'onde atteindra toutes les rives du lac, perturbant sa tranquillité. Ainsi, en supposant que chaque pensée négative soit une vague, elle peut s'écraser et s'ajouter à d'autres, s'amplifier, faire résonner ses effets dans notre esprit et déclencher un véritable tsunami de négativité.

Trouver des preuves de vos pensées

La TCC est essentiellement pratique, ce qui signifie qu'au fur et à mesure que vous perfectionnerez le processus, il vous sera beaucoup plus facile de garder un œil sur vos pensées afin d'éviter qu'une émotion négative ne fasse son apparition. Utilisez le formulaire suivant pour y voir plus clair.

Preuves qui confirment mes pensées / Preuves qui vont à l'encontre de mes pensées

Ex : Je me sens frustré	Je suis très en colère contre moi-même

Pourquoi votre comportement n'a-t-il pas reflété votre pensée ?

Ex : Je me suis laissé emporter par l'émotion

Comment faire pour que cette sensation soit plus objective et plus utile ?

Ex : être plus cohérent et rationnel lorsque l'on associe des émotions avec des pensées.

| |
| |
| |
| |

5.5 Détecter les pensées toxiques

Notre esprit est constamment bombardé par différentes sortes de pensées. Il n'est pas facile de les filtrer et de ne retenir que les bonnes. C'est une chose à laquelle nous devons apprendre à faire face. L'une des techniques psychologiques les plus efficaces consiste à essayer de choisir les pensées que nous voulons avoir et celles que nous voulons rejeter. Ainsi, en thérapie après une relation avec des personnalités de la triade noire, les thérapeutes conseillent non seulement de ne pas avoir de pensées toxiques ou négatives qui vous font revivre les moments que vous voulez oublier avec cette personne, mais aussi et surtout, de savoir identifier ces pensées et y faire face.

Il y a des moments où les pensées ne sont pas particulièrement positives. Même les personnes les plus optimistes connaissent des moments de faiblesse, d'abattement et d'accablement. L'anxiété et la peur, ainsi que d'autres émotions de ce genre, ne sont pas mauvaises en soi, elles sont là et apparaîtront dès que nous rencontrons des obstacles dans la vie. Ce qui est vraiment nocif, c'est de rester dans l'instant où elles sont apparues et de ne pas vouloir les surmonter.

Certaines personnes deviennent dépendantes des émotions négatives. Elles les préfèrent même aux émotions positives. C'est ce qui est vraiment toxique et qui conduit de nombreuses personnes à mettre fin à leurs jours. La TCC nous apprend à être assertif et à travailler en collaboration avec le thérapeute : il n'a pas à endosser à lui seul la responsabilité de votre réhabilitation psychologique.

Lorsque vous reconnaissez cette pensée négative ou toxique, il est primordial de noter à quel instant elle est apparue. En effet, il est important de savoir à quel moment notre esprit se dirige vers cet état pour savoir quoi faire. Changer la direction de nos pensées lorsqu'elles prennent une tournure toxique est essentiel.

Lorsqu'il est pris dans un tourbillon de pensées toxiques, l'esprit peut être trop faible pour s'en échapper. La victime est alors incapable de se débarrasser de ses pensées toxiques et tombe constamment dans des états de dépression, d'anxiété, de colère ou de frustration, comme une souris dans un piège circulaire. Chaque pensée est généralement liée à un sentiment ou à une sensation. Le seul moyen de se débarrasser des pensées toxiques est de changer l'état généré par ce sentiment.

La contribution de la victime de la personnalité de la triade noire est essentielle pour surmonter le traumatisme associé aux sentiments et pensées toxiques laissés par le manipulateur mental. La consommation de substances psychoactives ou d'autres drogues réputées moins addictives et nocives, comme l'alcool ou la marijuana, est également déconseillée. Certaines victimes se tournent vers l'alcool pour fuir la réalité et soulager le traumatisme laissé par l'échec de la relation avec le manipulateur, le narcissique ou le psychopathe, mais elles ignorent que cela peut être une arme à double tranchant : cette substance est un puissant dépresseur du système nerveux, il n'est donc pas conseillé de s'y réfugier.

Il est très simple pour l'esprit humain de créer constamment des biais, c'est-à-dire des schémas verbaux ou gestuels. Ils sont si imperceptibles qu'ils passent souvent inaperçus, jusqu'à ce qu'ils s'accumulent au point d'exploser soudainement. Il est donc facile d'être agacé par tout type de comportement que notre cerveau reconnaît comme négatif, ce qui crée immédiatement un schéma.

Charges négatives au travail

Jean travaille dans une entreprise de service à la clientèle. En tant que professionnel du service, il reçoit environ 400 appels par jour. Cette situation devient insupportable : les pensées négatives et les conflits sont monnaie courante. C'est l'une des raisons pour lesquelles ses collègues ont eu des problèmes avec leurs supérieurs et avec les clients. Jean est un employé qui se distingue par sa capacité d'écoute et son assurance dans le traitement des plaintes des clients.

Un client a appelé, contrarié par une panne de son service internet.

« Le comble, c'est que vous ne faites aucun effort pour résoudre le problème, dit l'homme au téléphone, visiblement agacé. Je devrais avoir une réduction sur ma prochaine facture.

- Je vais faire tout ce que je peux pour l'aider, déclare Jean.

- C'est ce qu'on me dit depuis près d'une semaine, répond le client, qui semble de plus en plus en colère. »

Après avoir fait patienter le client pendant environ 5 minutes avec de la musique répétitive, Jean lui donne enfin une réponse. Il a réussi à déduire les jours de défaillance technique de sa prochaine facture et il lui offrira la moitié du coût de la connexion.

« Qu'en pensez-vous ? demande-t-il.

-Eh bien, ce n'est pas si mal après tout, dit le client en remerciant. »

Son chef, qui suit l'appel depuis son bureau, ne dit rien à Jean lorsqu'il le croise. Il lui dit simplement de faire plus d'efforts la prochaine fois.

Cela crée un schéma négatif dans l'esprit de Jean, le démotivant pour continuer à bien faire son travail. Si vous étiez Jean, ne vous sentiriez-vous pas sous-stimulé dans votre travail, à la fois par le client et par votre patron ?

Les mots et les gestes négatifs ont une connotation négative. S'ils sont répétés, un schéma de négativité, et donc de toxicité, se crée. C'est un piège qu'il faut éviter rapidement.

5.6 Modifier les schémas de croyance

Les croyances nous amènent à voir le monde d'une manière caractéristique. Une fois que c'est le cas, il est très difficile de changer l'image que nous avons de quelque chose ou de quelqu'un. Une fois qu'une croyance a été établie, il se produit quelque chose de semblable à la personnalisation d'un appareil : nos pensées sont organisées de telle sorte qu'elles auront toujours tendance à se répéter autour de cette idée. L'esprit a tendance à biaiser ou à voir quelque chose d'un seul point de vue. Il est très difficile de changer cette idée, mais ce n'est pas impossible avec l'aide d'un thérapeute.

Comme Jean dans son travail, lorsque quelqu'un a une idée et qu'il ne reçoit aucun feedback, ni de la part des clients, ni de la part de son chef, ses pensées ont tendance à être négatives ou toxiques à propos de son travail. Cela crée une série de sensations qui vous mettent mal à l'aise. Si l'on ne sort pas de cette tendance à penser que tout ce que l'on fait ne sera pas reconnu, on peut tomber dans un cercle vicieux qui conduit à une dépression intense.

Les personnalités de la triade noire le savent très bien et c'est précisément pour cela qu'elles font ce qu'elles font. Elles savent qu'elles sapent votre amour-propre lorsqu'elles ne reconnaissent pas que vous faites bien quelque chose. En plantant la graine de l'insécurité dans votre esprit, vous ouvrez la porte à la dépression et à toute la négativité qui accompagne les pensées toxiques.

C'est un peu comme si votre fond d'écran était toujours noir. Vous l'aimez peut-être et vous vous sentez à l'aise avec, mais ce n'est pas ce qu'il y a de mieux pour vous. Vous devriez envisager de le régler différemment, avec des tons un peu plus vifs et colorés.

Telles sont les pensées. Si Jean continue à se torturer parce que son chef ou ses clients ne reconnaissent pas qu'il est un bon travailleur, il sera conditionné au fait qu'il a besoin de ce feedback pour se sentir bien dans son travail. Il aura besoin d'être validé. Ces personnes, qui ont toujours besoin d'être flattées par les autres, sont celles qui tombent le plus rapidement dans des problèmes d'anxiété et de dépression.

Le cerveau humain s'adapte aux situations qui lui sont familières. C'est ainsi que nous pouvons établir des relations avec des personnes ou des situations nouvelles. Lorsque quelque chose ne se passe pas comme prévu, il y a toujours une sorte de démon qui nous parle à l'oreille pour nous blâmer.

Dans ce cas, il convient de ne pas y prêter attention. Ne pas se sentir coupable lorsque les choses ne se passent pas comme on le souhaite et, surtout, faire la sourde oreille aux critiques négatives gratuites, c'est-à-dire celles dont on sait qu'elles sont chargées de toxicité ou qui proviennent d'une personne qui nous veut du mal.

CHAPITRE 6 : L'INTELLIGENCE ÉMOTIONNELLE

6.1 Qu'est-ce que l'intelligence émotionnelle ?

L'intelligence émotionnelle est l'un des termes les plus fréquemment mentionnés dans le domaine de la recherche en psychologie moderne. Le terme IE (intelligence émotionnelle) peut être défini brièvement comme la capacité à bien gérer ses émotions, à réduire les facteurs qui génèrent du stress, des conflits avec d'autres personnes et à éviter toute discorde. La plupart des conflits que nous vivons dans notre vie sont liés aux émotions. L'intolérance et la mauvaise gestion des émotions conduisent à des confrontations, des disputes et des bagarres dans tous les domaines de la vie.

Alors que la plupart des types d'intelligence, comme apprendre à jouer d'un instrument et à lire la musique, sont parfois innés et font partie du patrimoine génétique de chaque personne, dans le cas de l'IE, ces compétences doivent être apprises afin de gérer au mieux les émotions.

Bien que ce soit le développement et l'évolution de notre cerveau qui nous aient permis de prendre le pas sur le reste des espèces, pour de nombreux experts, tels que les sociologues et les biologistes, les émotions jouent un rôle très important dans l'évolution de la civilisation humaine. Après tout, nous sommes des animaux grégaires, comme les dauphins, les chimpanzés, les loups et bien d'autres espèces.

On pourrait comparer la raison à un cocher qui mène son cheval par les rênes, mais en réalité, ce sont les émotions représentées par le cheval qui font avancer tout l'attelage, y compris le cocher lui-même. Ce sont les émotions et la manière dont nous les gérons qui déterminent toutes sortes de relations avec les membres de notre espèce, même si nous nous vantons d'être moins animaux que les primates parce que nous avons l'usage de la raison.

Nous vivons dans un monde doté d'équipements toujours plus performants pour communiquer, effectuer des tâches, construire des gratte-ciel, des navettes spatiales qui nous emmènent dans la stratosphère et des robots qui traversent l'espace pour se rendre sur d'autres planètes afin d'y effectuer des prélèvements. Pourtant, au fond de nous-mêmes, nous sommes toujours aussi émotifs que nos ancêtres qui ont affronté des mammouths et des tigres à dents de sabre.

Les psychopathes, les manipulateurs, les narcissiques et les machiavéliques se comportent, comme indiqué au début du livre, de la même manière que les grands prédateurs, en supprimant autant que possible les émotions ou en jouant avec elles pour obtenir le meilleur de leurs victimes. L'intelligence émotionnelle vise à confronter ces prédateurs émotionnels au sein de nos sociétés en utilisant les compétences de la raison pour gérer les émotions et les impulsions les plus profondes de nos cerveaux reptiliens.

6.2 Utiliser l'intelligence émotionnelle pour contrer la psychologie noire

La plupart des traumatismes et des problèmes émotionnels de l'âge adulte trouvent leur origine dans l'enfance. Cela peut être dû à une mauvaise gestion de l'IE au cours de cette étape cruciale dans le développement de la personnalité et du caractère d'une personne. Heureusement, il existe aujourd'hui divers moyens de tenter de surmonter les traumatismes par le biais de la thérapie. Cependant, les traumatismes qui surviennent à l'âge adulte sont souvent insurmontables pour de nombreuses personnes. La confrontation avec les pouvoirs négatifs et toxiques des membres de la triade noire est une chose qui use la résilience émotionnelle de tout un chacun.

Le fait de constater que les efforts fournis ne sont pas suffisants et que la seule chose reçue en retour est la maltraitance, la manipulation, le mensonge, la tromperie, l'exploitation, etc. conduit les victimes de la triade noire dans une vallée de douleur, de dépression et d'angoisse, dont toutes les victimes ne parviennent malheureusement pas à se sortir.

Les statistiques sur le bonheur conjugal sont plus pessimistes aujourd'hui qu'elles ne l'étaient dans les années 1950 ou 1970. La montée de l'individualisme a conduit à mettre de côté les sentiments, l'engagement et la fidélité au détriment de la stabilité affective et de la construction d'un projet commun. Mais ce n'est pas seulement dans la sphère sentimentale du mariage ou des relations affectives que se manifeste le manque d'empathie d'une personnalité de la triade noire.

De nos jours, il est courant d'entendre parler de cas d'abus au travail. La compétitivité, le manque croissant d'opportunités d'emploi et d'autres phénomènes économiques et sociaux font que certains profitent de leur pouvoir sur leurs subordonnés pour faire ressortir leur côté obscur.

Des patrons qui maltraitent leurs subordonnés, des employés qui tentent d'écarter leurs collègues pour prendre leur place, des mensonges, des stratégies de gaslighting, des humiliations publiques, des discriminations, etc. Il s'agit d'un scénario de plus en plus courant dans la plupart des grandes et petites entreprises.

Connaître les bases de l'intelligence émotionnelle permet d'élaborer des stratégies pour contrecarrer les plans du manipulateur. Cela offre également un grand avantage à la victime pour pouvoir se défendre et sortir avec le moins de blessures émotionnelles possible d'une relation dévastatrice avec un manipulateur, un narcissique, un psychopathe ou un machiavélique. Apprendre à identifier ces personnalités de la triade noire est essentiel pour que la victime évite de s'engager dans ce type de relation traumatisante.

Apprendre à gérer la critique

La critique peut être positive ou négative. Elle peut être dévastatrice pour celui qui la reçoit. Toutes les personnes ne prennent pas la critique de la même manière. C'est souvent le cas lorsque, au milieu d'une interaction avec une personnalité sombre, celle-ci sort toutes ses armes.

Emilie travaillait dans une société de développement de jeux vidéo. Frank, son patron, le vice-président exécutif, avait l'habitude d'être très direct et n'hésitait pas à dire ce qu'il pensait. Lors d'une réunion de présentation de projet par Emilie, alors qu'elle essayait de démontrer que son produit avait un avenir prometteur sur un marché, Frank l'a interrompue :

« Il me semble que ce que vous nous présentez n'en est pas encore au stade final, dit-il avec dédain, cela ressemble plus à une ébauche d'ébauche, si nous le mettons sur le marché tel quel, la concurrence va nous dévorer. »

Emilie est entrée dans une colère noire et a mis fin à sa présentation, se sentant totalement humiliée. Elle s'est enfermée dans les toilettes de son bureau pour pleurer. Lorsqu'elle en est sortie, ses yeux étaient rouges et gonflés. Ses émotions sont restées à fleur de peau pendant au moins une semaine. Elle est devenue dépressive, a commencé à ne plus suivre son régime et à se goinfrer de gâteaux.

Deux semaines plus tard, Frank fait venir Emilie dans son bureau. À côté de lui se trouvait le PDG de l'entreprise.

« Vous aviez besoin de moi pour quelque chose, Frank ? demanda Emilie d'un ton hautain. Étant donné la présentation de mon dernier projet, il est clair que je n'ai rien à faire ici. Je profite de la présence de notre PDG pour lui remettre ma lettre de démission. »

Steven, le PDG de l'entreprise, indique alors à Emily le siège situé devant le bureau. Il l'invite à se joindre à eux pour la projection. Emilie s'assoit et se tourne sur sa chaise pour regarder l'écran. Elle fut surprise de voir son projet, celui-là même dont Frank s'était moqué.

« Emilie, tu es l'une des meilleures designers que nous ayons et nous n'allons pas te laisser partir, dit Frank. Je tenais à m'excuser en présence de Steven, parce que je n'ai pas su m'exprimer comme j'aurais dû, je ne suis pas doué pour la critique. Je suis certainement trop perfectionniste et je m'en excuse. »

Le projet d'Emilie a été remis en question et retravaillé, jusqu'à ce que les erreurs soient corrigées. Il a été l'un des jeux les plus populaires de l'année. Après ce succès, Emilie est devenue directrice de développement au sein de cette multinationale des jeux vidéo.

Voir la critique comme telle et non comme un mécanisme de destruction de l'estime de soi est l'une des compétences qui s'acquièrent grâce à l'IE. Les personnes empathiques ont tendance à reconnaître leurs erreurs ou leurs échecs. La personnalité de la triade noire, quant à elle, ne regrette pas d'avoir dit ou fait quelque chose : elle ne se soucie tout simplement pas de savoir si elle a causé du tort. Rester sur la défensive, sans répondre aux attaques qui cherchent à miner notre amour-propre, est un moyen efficace de se défendre en utilisant l'intelligence émotionnelle.

Éviter les arguments ou les sophismes

L'une des principales armes des personnalités obscures lors d'un débat ou d'une discussion est l'attaque ou le sophisme ad hominem. En rhétorique, cela consiste à attaquer non pas l'argument ou l'idée, mais la personne qui le dit :

Au cours d'une réunion du comité de rédaction d'un grand journal pour décider quel sujet mettre en première page, l'un des rédacteurs a suggéré de dédier la couverture à la chute du gouvernement de gauche.

« Pas étonnant de votre part, a répondu Jason, un autre rédacteur, étant donné que vous avez choisi de porter la même petite moustache que votre idole fasciste de droite. »

Il s'agit là d'un exemple de commentaire ou de critique ad hominem visant à détruire notre amour-propre, sans autre but que de montrer ses crocs. À la base, la discussion n'a rien à voir avec l'apparence ou l'idéologie politique de droite supposée d'André.

Les personnalités de la triade noire ont tendance à être impitoyables, à humilier et à dénoncer ceux qu'elles considèrent comme inférieurs. Il faut donc toujours être franc lorsque l'on fait un compliment ou que l'on reçoit une critique. Il est également important que cela se fasse en privé et non en public. Essayer de faire taire la personne qui tente de vous dénoncer en public en lui disant des choses en privé est une stratégie qui fonctionne toujours, car nous savons que la personnalité de ces individus est très fragile ; presque tous ces personnages sont incapables d'admettre leurs erreurs ou de se lever en public pour soutenir ce qu'ils ont dit. Ainsi, en profitant de ce talon d'Achille, vous pouvez leur rendre la pareille et montrer que vous n'avez pas peur d'eux.

Être tolérant

De nos jours, il est plus difficile de prendre position face à un collectif, car de plus en plus de personnalités de la triade noire se cachent derrière des politiques progressistes et démocratiques. Si quelqu'un tente de vous harceler parce que vous n'êtes pas d'accord avec ce que pense la majorité ou tel ou tel parti ou mouvement politique, faites preuve de tolérance et ne vous laissez pas provoquer.

6.3 Les 10 techniques pour améliorer son intelligence émotionnelle

1. Être positif

La pensée positive s'avère toujours être l'arme la plus détestée par ceux qui veulent vous voir dans une situation de dépression ou de baisse de moral. Gardez toujours une attitude optimiste, même lorsque vous avez l'impression que tout s'écroule. Selon des recherches scientifiques, les personnes optimistes sont beaucoup moins sujettes aux crises cardiaques ou à d'autres problèmes similaires. Une bonne attitude face à la vie améliore le système immunitaire et nous rend plus résistants aux microbes et aux virus. Lorsqu'une personnalité de la triade noire vous dit quelque chose de négatif, vous pouvez simplement l'ignorer ou lui dire : « Passe une bonne journée ! »

2. S'entourer d'amis

Les amis sont la famille que nous choisissons. Les amis nous font oublier les pires moments. Nous ressentons toujours leur soutien lorsque nous en avons le plus besoin. Ils sont aussi une thérapie qui nous aide à conserver notre optimisme. Nous pouvons toujours compter sur nos amis pour leur faire part de nos craintes, leur demander des conseils ou de l'aide. Les personnalités de la triade noire nous poussent toujours à nous éloigner de nos amis afin d'avoir un contrôle total sur nos émotions.

3. Savoir tolérer la frustration

La tolérance à la frustration est l'une des choses les plus difficiles à gérer à notre époque. Dans la société actuelle, il est de plus en plus dur de faire face à la concurrence professionnelle et académique. Accepter d'être vaincu ou de ne pas voir ses désirs satisfaits peut être frustrant, au point de précipiter de nombreuses personnes dans la dépression, en particulier les adolescents et les jeunes qui commencent à se confronter à la vie. Il est important de garder à l'esprit que chacun aura un jour l'occasion de montrer ses compétences et d'être reconnu pour celles-ci. La patience et la discipline sont très importantes pour contrer le manque de tolérance à la frustration.

4. Apprendre à se connaître

Pour commencer à maîtriser ses émotions et ses idées, il est nécessaire de mieux se connaître. Être à l'écoute de son corps et de son esprit permet de gérer les émotions qui peuvent être déclenchées par les événements de la vie quotidienne. Maîtriser les émotions, l'émotivité, l'excitation et la joie, mais surtout les émotions négatives, en étant à l'écoute de ce que l'on ressent à ce moment-là, est l'une des clés d'une meilleure intelligence émotionnelle.

5. Donner de l'importance aux autres

Les grandes villes ont fait de nous des personnes de plus en plus repliées sur elles-mêmes. Nous ne prenons pas le temps de connaître nos voisins, ni les collègues de travail avec lesquels nous partageons une grande partie de la journée. L'accolade est un geste pratiquement oublié aujourd'hui. Reconnaître dans l'autre une partie de soi-même est essentiel pour commencer à avoir plus d'empathie et, par conséquent, d'intelligence émotionnelle.

Prendre cinq minutes de notre temps pour parler et écouter les autres fait partie d'une thérapie émotionnelle intégrale.

6. Réfléchir avant d'agir

L'impulsivité est l'un des pièges dans lesquels nous avons tendance à tomber. Il est très facile de se laisser porter par ce que l'on ressent sur le moment, sans s'arrêter pour se poser des questions telles que : Qu'est-ce que je vais faire ? Pourquoi est-ce que je le fais ? Il faut donc prendre le temps de respirer au milieu d'une dispute enflammée. Savoir se taire avant de prononcer le mot de trop peut faire toute la différence entre une discussion et une dispute. Réfléchir et écouter ses émotions permet de se sentir mieux dans sa peau et de ne pas avoir à se reprocher ce que l'on a fait.

7. Se motiver et motiver les autres

L'auto-motivation est un outil très utile. Pour aller de l'avant, il faut non seulement que les autres reconnaissent notre valeur, mais que nous le fassions d'abord nous-même. C'est la clé. La confiance en soi et l'auto-motivation nous permettent d'avoir confiance dans ce que nous faisons, sans avoir besoin de chercher la validation des autres. De même que nous espérons que les efforts que nous faisons chaque jour soient reconnus, nous devons reconnaître les efforts des autres : « Tu as bien travaillé » est ce que nous devrions dire et ce que nous voulons entendre.

8. Résoudre les conflits par le dialogue

La résolution des conflits se fait par le dialogue, mais la plupart des gens choisissent de chercher une autre issue, ce qui, bien que semblant plus facile, s'avère être plus complexe. L'esprit doit être le filtre de toutes les actions ; penser un instant aux conséquences de la violence peut nous empêcher de commettre une folie. Le dialogue sera toujours le meilleur moyen de discuter, de trouver des solutions et de résoudre un problème, aussi complexe soit-il.

9. Souligner les points négatifs de manière assertive

Lors d'une évaluation ou d'une critique, la tentation de ne relever que les points négatifs et d'omettre les points positifs est à l'origine des tensions dans les relations humaines. Souligner les défauts de quelqu'un, ce n'est pas le rabaisser ou le mépriser, c'est l'aborder objectivement. Dire les choses sans offenser la personne que l'on critique est primordial dans les relations humaines.

10. Identifier ses émotions

Lorsque nous identifions nos émotions, nous pouvons les gérer beaucoup plus facilement que si nous les ignorons et refusons de reconnaître leur existence. En développant notre capacité à faire face aux émotions positives, mais surtout aux émotions négatives, nous apprenons à gérer nous-mêmes nos réactions, devenant ainsi des personnes beaucoup plus équilibrées. Le fait de faire la liste de ce que nous ressentons face à un événement donné nous permet d'évaluer la raison de cette réaction émotionnelle. Pourquoi est-ce que je réagis de la sorte ? Que puis-je faire pour contrer cette réaction ? Savoir gérer la colère, la rage, la frustration, la jalousie, etc., avec le soutien d'un thérapeute, peut nous aider à améliorer notre intelligence émotionnelle.

6.4 L'intelligence émotionnelle pour réhabiliter l'esprit après un traumatisme

Une fois débarrassée de la personnalité toxique de l'abuseur ou du manipulateur, la victime est très souvent brisée mentalement. Cet impact émotionnel entraîne une série de changements dans sa perception du monde. Rien n'est plus pareil, pense la victime, et elle a l'impression d'avoir perdu quelque chose en elle. Ce n'est pas pour rien que de nombreux experts comparent cette violence psychologique à de la violence physique. La tâche de l'abuseur émotionnel, du prédateur psychologique, est précisément celle-là : s'emparer des ressources émotionnelles, psychiques et énergétiques de sa victime.

L'enfance est l'une des étapes les plus influentes de la vie d'un être humain. Lorsqu'un enfant est maltraité, non seulement physiquement mais aussi psychologiquement, son cerveau se modifie, notamment au niveau des neurones miroirs. Les neurones miroirs sont un mécanisme qui prouve que nous sommes des mammifères dotés d'un système nerveux très complexe qui réagit face à l'empathie, au rejet, à l'agression, à l'affection et à tout le spectre émotionnel que nous portons dès notre venue au monde.

Il a été démontré qu'après une série d'agressions répétées, le cerveau de l'enfant devient moins empathique, c'est-à-dire qu'il ne rejette plus instinctivement l'agression, les cris, les coups, etc. mais s'identifie à ce comportement comme un moyen de communiquer avec son environnement. De nombreux psychopathes, sociopathes, narcissiques, machiavéliques et autres personnalités de la triade noire ont tiré leur comportement de ces expériences traumatisantes vécues pendant leur enfance.

La tâche de l'intelligence émotionnelle et d'autres ressources de thérapie psychologique est de réadapter l'esprit après ces épisodes douloureux qui causent tant de dommages. Les personnes qui ont été victimes ou témoins d'événements atroces tels que des agressions, des assassinats ou tout autre type d'actes violents, gardent l'esprit marqué par les images de sang et de mort qu'elles ont vues. Ces événements se répètent continuellement dans leur esprit, comme si elles les revivaient à chaque instant, en particulier lorsqu'elles retournent sur les lieux du drame.

Il en va de même lorsqu'une personne a été victime d'un manipulateur. Ces personnes revivent ces événements lorsqu'elles voient des objets qui leur rappellent leur manipulateur, lorsqu'elles se rendent dans les lieux où elles étaient avec lui, lorsqu'elles mangent quelque chose qu'elles avaient mangé avec lui, etc. Parfois, ces traumatismes ne réapparaissent pas seulement pendant la journée, mais aussi pendant le sommeil : les cauchemars avec les agresseurs sont souvent répétitifs et s'inscrivent dans un schéma qui devient cyclique et tortueux.

Le trouble de stress post-traumatique (TSPT) amène la victime à revivre son expérience traumatisante dans son esprit à chaque fois qu'elle perçoit un élément déclencheur, tel qu'un son, une image, un lieu, etc., comme s'il s'agissait d'un sceau gravé au fer rouge sur la peau. Il y a des cicatrices qui se trouvent dans l'esprit. Le processus de réajustement après un traumatisme n'est pas facile, mais avec la coopération du patient et un travail intense, il est possible d'atténuer les symptômes qu'il entraîne.

La réadaptation par l'intelligence émotionnelle commence par la maîtrise de ce que les experts en psychologie appellent la peur conditionnée. Il s'agit du fait que l'esprit de la victime cherche toujours une association avec le traumatisme qu'elle a vécu, ce qui peut se manifester par tout élément déclencheur qui n'est pas directement lié à l'événement. Cela signifie que la victime ne peut plus profiter de la vie comme avant. Sa vision du monde devient sombre et pessimiste, elle est tombée dans un gouffre d'angoisse et de dépression dont elle a de plus en plus de mal à s'extraire.

Bien que les dommages émotionnels causés aux circuits cérébraux soient parfois très puissants, si le cerveau est réadapté par une série d'expériences idéales pour réparer les connexions du cortex endommagées par le traumatisme, il est possible de réhabiliter le patient. La panique est enregistrée dans l'amygdale, le traitement doit donc se faire au niveau de la région corticale.

Chez les enfants, l'outil le plus puissant pour inverser progressivement les dommages causés par le TSPT est le jeu. Chez les adultes, comme les personnes qui ont été témoins d'un meurtre, d'une guerre ou d'autres événements de ce type, le cerveau dispose d'un mécanisme de blocage émotionnel des schémas qui nous rappellent le traumatisme.

L'une des formes de thérapie les plus puissantes, de l'avis des experts, est la création artistique. L'écriture est une forme de thérapie qui permet à l'amygdale de nettoyer ou de réadapter les souvenirs traumatiques, en les retravaillant à travers des récits, des écrits, des journaux intimes et d'autres exercices littéraires. La peinture et la musique ont également des effets thérapeutiques, mais il faudra l'avis d'un expert, étant donné que chaque cas est particulier et unique, et qu'il ne peut donc pas y avoir de recette miracle qui fonctionne pour tous les patients.

L'art traite des émotions. Par conséquent, grâce à ce mécanisme, le patient revit ses souvenirs, en parvenant à leur donner une nouvelle tournure grâce à une réinterprétation d'un point de vue esthétique. La réhabilitation émotionnelle consiste à retrouver la confiance et la sécurité dans les relations avec les autres. Il est essentiel d'atteindre la tranquillité nécessaire pour éviter les épisodes d'anxiété. La victime doit réapprendre certaines compétences en matière d'intelligence émotionnelle, en considérant les symptômes dérivés de son traumatisme comme partie du long processus de deuil qu'elle doit réaliser.

Surmonter progressivement les sentiments d'impuissance et de culpabilité provoqués par les événements qui ont conduit au traumatisme est une étape importante de la thérapie. L'un des effets du TSPT est de rendre l'amygdale beaucoup plus sensible ; il s'agit du centre névralgique des peurs qui sont nichées au plus profond de notre cerveau.

La thérapie psychologique par l'activité créative, le jeu, ou encore la réadaptation émotionnelle, doit parfois être complétée par des doses de médicaments en fonction du patient. Rester calme, éviter les choses qui déclenchent l'anxiété ou la détresse, pratiquer des activités comme la méditation, le yoga ou les techniques de relaxation, peut lentement aider à réintégrer les cercles sociaux et à retrouver la confiance dans les autres.

Le fait de raconter le traumatisme et de revenir sur les détails permet à l'amygdale cérébrale de se réadapter aux émotions d'une manière saine et rationnelle. Le processus de reconstitution de tous les détails douloureux est crucial pour que le patient puisse traverser la vallée de la douleur. Dans tous les cas, vous devrez être accompagné par un thérapeute expérimenté qui connaît très bien votre cas. La tenue d'un journal détaillé des sentiments et des événements liés aux actes qui ont généré le traumatisme est essentielle à la réhabilitation émotionnelle de la victime.

6.5 L'apprentissage émotionnel comme moyen de réadaptation

Lorsque l'amygdale cérébrale revit les épisodes qui ont provoqué le traumatisme, nous ressentons exactement les mêmes sensations qu'à l'époque. Cela génère une grande souffrance pour les victimes, qui retombent sans cesse dans des états de détresse émotionnelle avec des cris, des pleurs, de la souffrance, des sentiments de culpabilité, de la dépression et de l'anxiété. Cependant, le cortex cérébral, qui est la partie la plus évoluée de notre cerveau, est là pour remettre les choses en ordre. Cette zone est responsable de la gestion des émotions de manière raisonnable, cohérente et conséquente. En d'autres termes, c'est le cortex cérébral qui gère l'équilibre des émotions et des idées qui sont déclenchées par l'amygdale lorsque les épisodes traumatiques refont surface.

Notre système émotionnel nous permet de nous souvenir ponctuellement de quelque chose et de l'associer à une émotion positive ou négative. Cela ne veut pas dire que les émotions négatives doivent rester là éternellement et torturer notre esprit jusqu'à ce que mort s'ensuive. Le réapprentissage par l'intelligence émotionnelle permet au néocortex de traiter différemment la tendance de l'amygdale à perdre le contrôle des émotions et à se laisser déborder. Bien qu'il soit impossible d'éliminer les émotions négatives en claquant des doigts lorsqu'elles se présentent à nous, il est cependant possible, grâce à la rééducation thérapeutique de l'intelligence émotionnelle, de contrôler dans quelle mesure nous laissons l'amygdale modifier notre comportement.

Contrôler les émotions est possible, tout comme il est possible de conditionner le comportement d'un animal. C'est ce qu'a découvert le chercheur Pavlov lorsqu'il est parvenu à conditionner des chiens à saliver lorsqu'on allumait une ampoule. S'il est impossible d'empêcher un souvenir de nous rendre nostalgiques ou tristes, par exemple, nous pouvons en revanche le gérer au mieux, en utilisant notre cortex cérébral pour le faire durer le moins longtemps possible, même s'il s'agit d'un souvenir qui nous affecte au point de nous prostrer pendant des heures, voire des jours.

La psychothérapie consiste à apprendre au cortex à gérer les émotions déclenchées par l'amygdale de manière à ce qu'elles soient le moins dramatiques possible. En tant qu'êtres humains vivant en société, nous avons besoin d'être en contact avec d'autres personnes tout au long de notre vie. La psychothérapie permet au patient confronté à des souvenirs qui l'affectent et déclenchent une réponse émotionnelle, de les gérer en reprenant le contrôle de cette marée de sentiments et d'émotions qui l'envahit.

Cela vous permet également de contrôler ce que votre cortex veut et non ce que votre amygdale vous dicte de faire. Peu à peu, en appliquant les indications du professionnel, en commençant à mieux connaître et gérer ses émotions, le patient pourra recommencer à avoir des relations saines et positives avec d'autres personnes. Il perdra sa crainte initiale de répéter les circonstances douloureuses qui ont déclenché les événements qui lui rappellent de mauvais souvenirs.

Chaque fois qu'une pensée liée au traumatisme se présente, l'amygdale est prête à libérer tout le cocktail de substances neurochimiques qui déséquilibrent le cerveau. La thérapie axée sur l'intelligence émotionnelle permet au cortex cérébral de disposer d'un système d'alerte préventive lorsqu'il détecte l'arrivée d'une vague d'émotions négatives. Avec la répétition et la réadaptation de leur histoire traumatique, grâce aux outils de la thérapie, tels que l'écriture, l'animation et la réassimilation de ce qui s'est passé, la victime des personnalités de la triade noire sera progressivement capable de gérer ses émotions à partir de la zone corticale et non de l'amygdale, ce qui rendra ses relations futures beaucoup plus fructueuses et positives.

La thérapie de réhabilitation basée sur l'intelligence émotionnelle pour les victimes de manipulateurs, d'abuseurs et de prédateurs de la triade noire permet de réhabiliter le cerveau en créant une réponse plus saine, positive et intelligente à ce que nous ressentons lorsque les autres ont des réactions négatives ou toxiques à notre égard.

CONCLUSION

Au fil des pages, nous avons découvert la complexité et la profondeur de l'esprit des personnalités de la fameuse triade noire. Nous vivons dans un monde de plus en plus compétitif où les émotions, les valeurs, les idées et surtout les personnes, sont utilisées par d'autres dans le cadre d'un jeu malsain où l'important est d'obtenir ce que l'on a en tête sans se soucier de l'autre. Les témoignages de victimes de psychopathes, de narcissiques, de machiavéliques et de manipulateurs qui ont utilisé les autres pour se satisfaire égoïstement sont de plus en plus fréquents depuis ces dernières années.

De nos jours, la vie quotidienne nous oblige à nous socialiser plus que jamais. Nous ne vivons pas dans un monde isolé : chaque jour, nous devons interagir avec des personnes, non seulement de notre entourage, mais aussi du monde entier. Nous sommes donc plus susceptibles d'être confrontés aux personnalités de la triade noire : les psychopathes, les narcissiques et les machiavéliques.

L'objectif principal de ce livre est de montrer comment les individus de la triade noire utilisent la manipulation mentale pour s'attaquer à d'autres personnes et obtenir ce qu'ils veulent de celles-ci. Ce livre a aussi pour mission d'apprendre au lecteur à reconnaitre les personnes manipulatrices sur son lieu de travail, à l'université, dans son quartier, dans son cercle d'amis ou même - et c'est un schéma qui se répète de plus en plus - au sein de sa famille, là où devrait régner un climat de confiance et de sécurité.

Dès le début, le lecteur a appris comment les idées, les pensées et les sentiments se manifestaient dans le cerveau d'une personne appartenant à la triade noire. La psychopathie, le machiavélisme, le narcissisme et le spectre des personnalités de la psychologie noire constituent une anomalie en termes de psychologie, selon la science psychologique et la psychiatrie. Bien que la science ait été confrontée dans le passé à des cas de personnes agissant avec une grande cruauté et un manque d'empathie envers les autres, ce n'est qu'à l'époque moderne, grâce à la technologie, la médecine et la psychologie, qu'il a été possible de déterminer les facteurs qui conduisent à faire partie de la triade noire de la personnalité.

Derrière le masque de la bonté, de la gentillesse, des bonnes intentions, de l'empathie et de la sentimentalité se cachent les personnalités les plus inquiétantes et les plus perturbantes. N'importe qui serait terrorisé en découvrant ce que ces personnes sont capables de penser et de faire. Ce n'est pas seulement dans les prisons et autres établissements pénitentiaires que l'on trouve les psychopathes les plus dangereux : ils existent aussi dans les milieux les plus ordinaires tels que les bureaux, les salles de classe des universités, les écoles, les lieux de culte et même les milieux les plus intellectuels et les plus riches de la société.

Les troubles de la personnalité de la triade noire ne se limitent pas aux classes les plus marginalisées de la société ou aux services psychiatriques. Au fur et à mesure de la lecture de ce livre, nous avons vu comment des manipulateurs et des psychopathes ont exercé leur pouvoir sur des millions de victimes innocentes et bien intentionnées, les conduisant même à perdre la vie à cause de leur naïveté.

Ce livre explique la manière de penser du psychopathe, ce qui le différencie des personnes empathiques ou émotionnellement saines, et comment se défendre contre ses actions destructrices. Il s'agit d'un manuel pratique pour comprendre comment et pourquoi vous êtes manipulé, comment agir et ce que vous devez faire pour sortir du labyrinthe dans lequel vous a laissé la personnalité obscure qui s'est attaquée à vous.

Il est important de préciser que ce livre n'est pas destiné à remplacer l'autorité et les connaissances des experts en matière de soutien émotionnel (psychologues, psychiatres et thérapeutes), mais simplement un guide pour comprendre ces esprits malveillants qui se cachent un peu partout.

Identifier le manipulateur dans une relation peut éviter des dommages émotionnels importants, voire des traumatismes dont vous ne pourriez pas vous remettre sans consulter un expert. Ainsi, connaître les intentions d'un partenaire commercial potentiel peut éviter à votre entreprise de faire faillite, par exemple. De même, si vous êtes en mesure de reconnaitre les traits et les comportements de l'une des personnalités obscures exposées dans ce livre, cela vous permettra aussi d'éviter de vous attirer de graves ennuis avec la justice.

Que chaque page de ce livre soit un guide pour avancer prudemment dans les eaux troubles où pullulent les personnalités prédatrices de la triade noire : psychopathes, machiavéliques, narcissiques et manipulateurs qui considèrent les autres comme de simples proies avec lesquelles ils peuvent assouvir leurs instincts d'égoïsme, de cruauté et d'absence d'empathie.

BIBLIOGRAPHIE

LIVRES CONSULTÉS :

- *Leon Miller*. Psychologie noire et manipulation. 2020.

- *Romilla Ready, Kate Burton, Xavier Guix (consultant)*. La PNL pour les nuls. 2008.

- *Daniel Goleman*. L'intelligence émotionnelle, pourquoi elle est plus importante que le QI.

- *Javier Luxor*. Le petit livre de l'influence et de la persuasion.

- *Steven Turner*. Dark Psychology. 2019.

- *Brad Wood*. La manipulation, le Saint-Graal de la psychologie noire.

- *Seth Gillihan*. La thérapie cognitivo-comportementale en toute simplicité. 2018.

- *Robert Hare*. Pas de conscience.

- *Anthony-Robbins*. Le pouvoir sans limites : la nouvelle science du développement personnel.

- *Richard Bandler et John Grinder*. Des crapauds aux princes.

- *Alejandro Llantada*. Le livre noir de la persuasion.

- *Daniel Goleman*. Les émotions destructrices.

- *Seth Gillihan*. Thérapie cognitivo-comportementale : 10 stratégies pour gérer la dépression, l'anxiété et le stress.

- *Robert B. Cialdini*. The Psychology of Persuasion.

LIENS :

- Richard E. Petty, John T. Cacioppo. THE ELABO RATION LIKELIHOOD MODEL OF PERSUA SION. Copyright 0 1986 par Academic Press. Inc. Pp 181

  https://richardepetty.com/wp   avec tent/uploads/2019/01/1986-advances-pet tycacioppo.pdf

- Modèle psychobiologique de la personnalité d'Eysenck : une histoire projetée dans l'avenir. Schmidt, V. Firpo, L. Vion, D. De Costa Oliván, M. E., Casella, L. Cuenya, L. Blum, G.D.et Pedrón, V. https://revistapsicolo gia.org/index.php/revista/article/view/63/60

- Test de psychopathie de Hare : https://www.psicologia-online.com/test-de-psicopatia-de-robert-hare-3959.html

-

www.ingramcontent.com/pod-product-compliance
Lightning Source LLC
Chambersburg PA
CBHW060504030426
42337CB00015B/1727